怎样当好新时代工会小组长

（全新修订版）

张 举◎编著

人民日报出版社

图书在版编目（CIP）数据

怎样当好新时代工会小组长 / 张举编著. --北京：人民日报出版社，2025. 1

ISBN 978-7-5115-8004-7

Ⅰ.①怎… Ⅱ.①张… Ⅲ.①工会工作-中国 Ⅳ.①D412.6

中国国家版本馆 CIP 数据核字（2023）第 193150 号

书　　名：怎样当好新时代工会小组长
ZENYANG DANGHAO XINSHIDAI GONGHUI XIAOZUZHANG

作　　者：张　举

出 版 人：刘华新
责任编辑：刘天一
封面设计：陈国风

出版发行：人民日报出版社
地　　址：北京金台西路 2 号
邮政编码：100733
发行热线：（010）65369527　65369846　65369509　65369510
邮购热线：（010）65369530　65363527
编辑热线：（010）65363105
网　　址：www.peopledailypress.com
经　　销　新华书店
印　　刷　北京柯蓝博泰印务有限公司

开　　本：170mm×240mm　1/16
字　　数：200 千字
印　　张：14.5
版次印次：2025 年 2 月第 1 版　2025 年 2 月第 1 次印刷

书　　号：ISBN 978-7-5115-8004-7
定　　价：69.80 元

前言 Preface

基层工会组织通过工会小组同职工群众保持着密切联系；基层工会的各项任务，如吸引职工参加各种学习和劳动竞赛，做深入细致的思想政治工作，组织文体娱乐活动，关心职工生活，发展会员等，都是通过工会小组进行的。基层工会组织建设，重点要抓好小组建设。工会小组工作搞得好，基层工会工作就有了活力。

工会小组长是基层工会的助手，是工会小组工作的组织者和领导者。工会小组的各项任务都要靠工会小组长带动全组工会会员去完成。正确地挑选配备工会小组长，是基层组织建设的重要一环。当前，企业组织形式、产业结构、就业形态等呈现新的特点，我国职工队伍状况发生深刻变化，给基层工会工作带来许多新情况、新问题，要求基层工会包括工会小组自身改革组织体制、运行机制、活动方式，以适应日益加快的企业和社会变化要求，更好地发挥基层工会尤其是工会小组的作用，要顺应新的形势，把工会小组工作提高到新的水平，大力提高工会小组长自身的素质和能力就显得至关重要。

工会小组长要认真学习马克思列宁主义、毛泽东思想、邓小平理论、“三个代表”重要思想、科学发展观、习近平新时代中国特色社会主义思想，学习党的基本知识和党的历史，学习政治、经济、历史、文化、法律、科技和工会业务等知识，提高政治能力、思维能力、实践能力，增强推动高质量发展本领、服务群众本领、防范化解风险本领。要带头执行党的基本路线和各项方针政策，遵守国家法律、法规，在改革开放和社会主义现代化建设中勇于开拓创新。要信念坚定，忠于职守，勤奋工作，敢于担当，廉洁奉公，顾全大局，维护团结。要坚持实事求是，认真调查研究，如实反映职工的意见、愿望和要求。要坚持原则，不谋私利，热心为职工说话办事，依法维护职工的合法权益。工会小组长还要作风民主，密切联系群众，增强群众意识和群众感情，自觉接受职工群众的批评和监督。

从目前情况看，工会小组长所担负的任务艰巨，自身素质与新形势的要求还有一定差距，所以仍需加强学习，努力提升服务职工的本领，工会小组长培养和提高自身素质是履行工会维权服务职责、促进企事业和谐发展的需要，工会小组长要保护好、实现好和发展好班组职工群众的根本利益和具体利益，调动班组职工群众参与改革和建设的积极性与创造性，而只有全面提高工会小组长的自身素质，才能为工会小组充分发挥工会维护服务基本职责提供根本保证，同时，工会小组长培养和提高自身素质也是增强工会小组长及工会小组影响力、凝聚力的需要，工会小组长的影响力在领导工会小组活动中有特殊的作用，它可以使工会小组长树立起自身的威信、增强号召力，把班组职工群众团结在工会组织周围，为实现共同的目标而奋斗。因此，工会小组长要努力提高自身素质，以适应工会小组工作的需要，满足小组职工群众的需求。

目录 Contents

第一章

工会小组的组织建设

基层工会小组是工会组织的最小单元，是工会各项工作的基础，是联系广大职工群众最为紧密的环节。加强工会小组的建设至关重要。重视工会小组组织建设，认真研究和完善工会小组组织工作，对加强基层工会组织建设、增强基层工会活力具有重要的意义。

第一节　中国工会的组织体制

一、工会的组织体系和组织结构

中国工会是按照产业与地方相结合的原则组织起来的。中国工会实行民主集中制，实行产业工会与地方工会双重领导的组织领导制度。中国工会在组织上是统一的整体，中华全国总工会是中国工会的最高领导机关，它和它所属的各级工会领导机关（除派出机构）都由民主选举产生。中国工会由全国总工会、全国产业工会、地方总工会、地方产业工会以及基层工会组织，组成完整的工会组织体系。

（一）中华全国总工会领导的各级工会是我国唯一合法的工会组织

《工会法》第十一条规定："全国建立统一的中华全国总工会。"我国工会是中国共产党领导的职工自愿结合的工人阶级群众组织。工人阶级在中国共产党的领导下，为建设有中国特色的社会主义而共同奋斗。实现工人阶级历史使命，完成建成社会主义现代化强国任务，需要工人阶级坚强团结，在中国共产党的领导下，统一思想，统一行动，战胜前进道路上的艰难险阻，不断夺取新的胜利。

（二）中国工会的组织结构

1. 中华全国总工会

中华全国总工会是我国工会的最高领导机关，它是由中国工会全国代表大会选举产生的。《中国工会章程》规定："工会的最高领导机关，是工会的全国代表大会和它所产生的中华全国总工会执行委员会。"中国工会全国代表大会，每五年举行一次，由中华全国总工会执行委员会召集。在特殊情况下，可以提前或延期举行。代表名额和代表选举办法由中华全国总工会执行委员会决定。中国工会全国代表大会的职权如下。

（1）审议和批准中华全国总工会执行委员会的工作报告。

（2）审议和批准中华全国总工会执行委员会的经费收支情况报告和经费审查委员会工作报告。

（3）修改中国工会章程。

（4）选举中华全国总工会执行委员会和经费审查委员会。

中华全国总工会执行委员会，在全国代表大会闭会期间，负责贯彻执行全国代表大会的决议，领导全国工会工作。执行委员会全体会议选举主席一人、副主席若干人、主席团委员若干人，组成主席团。执行委员会全体会议闭会期间，由主席团行使执行委员会的职权。主席团下设书记处，由主席团在主席团成员中推选第一书记一人、书记若干人组成。书记处在主席团领导下主持中华全国总工会的日常工作。

中华全国总工会的主要职责如下。

（1）根据党的基本理论、基本路线、基本纲领和工运方针，围绕党和国家工作大局，贯彻执行中国工会全国代表大会和执委会议确定的方针、任务和作出的决议。

（2）依照法律和《中国工会章程》，组织和指导各级工会坚定不移地贯彻落实党的全心全意依靠工人阶级的根本指导方针，进一步突出和履行维护职能。

（3）对有关职工合法权益的重大问题进行调查研究，向党中央和国务院反映职工群众的思想、愿望和要求，提出意见和建议；参与涉及职工切身利益的政策、措施、制度和法律、法规草案的拟定；参与职工重大伤亡事故的调查处理。

（4）负责工会理论政策研究，研究制定工会的组织制度和民主制度，监督检查《中国工会章程》的贯彻执行；研究指导工会自身改革和建设；指导各级工会组织开展以职工代表大会为基本制度的民主选举、民主协商、民主决策、民主管理和民主监督工作，推动建立平等协商、集体合同制度和监督保证机制的工作。

（5）协助省、自治区、直辖市党委管理省级总工会领导干部，协助中央国家机关有关部委（局）管理全国产业工会的领导干部；监督、检查全国总工会机关和直属单位党员干部党风廉政建设情况；研究制定工会干部的管理制度和培训规划，负责市以上工会和大型企事业单位工会领导干部的培训工作。

（6）协助国务院做好全国劳模的推荐、评选工作，负责全国劳模的管理工作；负责全国“五一”劳动奖章、奖状获得者的评选表彰和管理工作。

（7）负责工会经费和工会资产的管理、审查、审计工作；研究制定工会组织兴办职工劳动福利事业的有关制度和规定；负责对工会兴办职工劳动福利事业的指导、协调工作。

（8）负责工会国际联络工作，发展同各国工会的友好关系；负责与香港、澳门特别行政区和台湾地区工会的交流工作。

（9）承担党中央、国务院交办的其他事项。

中华全国总工会执行委员会和经费审查委员会虽然都是由全国工会代表大会选举产生的，但这两个委员会的性质不同。执行委员会是全国工会的领导机关，经费审查委员会是工会经费的审查监督机关。经费审查委员会向同级工会委员会负责并报告工作。

2. 全国产业工会

产业工会是按照产业分工和性质建立起来的工会组织。全国产业工会是各产业工会的全国领导机关。中国工会实行产业和地方相结合的组织领导原则。同一企业、事业单位、机关、社会组织中的会员，组织在一个基层工会组织中；同一国民经济部门或性质相近的几个国民经济部门，根据需要建立全国和地方的产业工会组织。中华全国总工会是各地方总工会和产业工会全国组织的领导机关。产业工会全国组织的设立，由中华全国总工会确定，并根据各产业的不同情况和需要设立产业工会全国委员会、产业工会工作委员会。

产业工会全国委员会经选举产生，设主席一人，副主席、常委若干人，组成常务委员会。产业工会工作委员会是中华全国总工会的派出机构，其领导成员由中华全国总工会确定。产业工会全国委员会与地方总工会对所属的地方产业工会实行双重领导，其领导体制由中华全国总工会根据各产业工会对应的产业部门的行政和经济管理体制的特点来确定，有的以产业工会领导为主，有的以地方工会领导为主，以利于适应参政议政的要求和发挥产业与地方积极性。产业工会工作委员会对相应的地方产业工会的工作加以指导。为了充分发挥产业工会的特色和优势，各全国产业工会应当依据新时代工会工作的指导方针，紧紧围绕党在每个时期的中心任务，在全面履行工会的四项社会职能即维护职能、建设职能、参与职能和教育职能的前提下，从本产业的特点出发，突出抓住带有产业特点的问题，进行调查研究，搞好参政议政，研究和解决本产业涉及职工利益的全局性、政策性重大问题，维护职工的合法权益，广泛开展适合于本产业特点和要求的社会主义劳动竞赛和职工技术活动，充分调动广大职工的积极性，团结和动员职工群众努力完成生产建设任务。

3. 工会地方组织

工会的地方各级领导机关，是工会的地方各级代表大会和它所产生的总工会委员会。省、自治区、直辖市，设区的市和自治州，县（旗）、自治县、不设区的市的工会代表大会，由同级总工会委员会召集，每五年举行一次。在特殊情况下，由同级总工会委员会提议，经上一级工会批准，可以提前或者延期举行。

工会的地方各级代表大会的职权如下。

（1）审议和批准同级总工会委员会的工作报告。

（2）审议和批准同级总工会委员会的经费收支情况报告和经费审查委员会的工作报告。

（3）选举同级总工会委员会和经费审查委员会。

地方总工会委员会是同级地方工会和同级产业工会的领导机关。它在代表大会闭会期间，执行上级工会组织的决议和同级工会代表大会的决议，讨论和决定有关本地区职工群众的重大问题，领导本地区的工会工作，定期向上级总工会委员会报告工作。

各级地方总工会委员会选举主席一人、副主席若干人、常务委员若干人，组成常务委员会。常务委员会在总工会委员会闭会期间行使委员会的职权，主持日常工作。根据工会章程的规定，各级地方产业工会的设置，由同级地方总工会根据本地区的实际情况确定。

4. 基层工会组织

基层工会组织是工会组织的基础，是直接联系职工群众的单位。企业、事业单位、机关、社会组织等基层单位，应当依法建立基层工会组织。社区和行政村可以建立工会组织。基层工会组织的领导机构是会员大会或会员代表大会及其选举的基层工会委员会，会员代表大会的代表实行常任制，任期三至五年。

依据《基层工会会员代表大会条例》的规定，工会会员大会或会员代表大会的职权如下。

（1）审议和批准基层工会委员会的工作报告。

（2）审议和批准基层工会委员会经费收支预算决算情况报告、经费审查委员会工作报告。

（3）开展会员评家，评议基层工会开展工作、建设职工之家情况，评议基层工会主席、副主席履行职责情况。

（4）选举和补选基层工会委员会和经费审查委员会组成人员。

（5）选举和补选出席上一级工会代表大会的代表。

（6）罢免其所选举的代表、基层工会委员会组成人员。

（7）讨论决定基层工会其他重大事项。

基层工会委员会和经费审查委员会每届任期三年或五年，具体任期由会员大会或者会员代表大会决定。任期届满，应当如期召开会议，进行换届选举。在特殊情况下，经上一级工会批准，可以提前或者延期举行。

基层工会委员会根据工作需要，可以在分厂、车间（科室）建立分厂、车间（科室）工会委员会。分厂、车间（科室）工会委员会由分厂、车间（科室）会员大会或者会员代表大会选举产生，任期和基层工会委员会相同。

基层工会委员会和分厂、车间（科室）委员会，可以根据需要设若干专门委员会或者专门小组。

按照生产（行政）班组建立工会小组，民主选举工会小组长，积极开展工会小组活动。

第二节 工会小组的设置原则

一、工会小组的设置原则

工会小组是工会组织的基础组织。它的设置原则是：按照行政班组（科室或部门）建立，工会会员一般满三人者即可建立工会小组，凡会员不足三人的单位，可由生产、工作性质相近的单位合建一个小组。工会小组在基层工会组织或车间（科室）、部门分工会的直接领导下，开展小组工作。具体说来，工会小组的设置一般应遵循以下三个原则。

（一）与行政班组相通的原则

即按照行政班组相对应建立工会小组。这样的组建原则有利于促进、加强班组建设。班组是企业根据劳动分工协作的需要，按照工艺原则或不同产品而划分的基本作业单位。在企业中，班组和工会小组的总目标是一致的，即提高企业的经济效益。但由于两者是不同性质的组织，它们担负的职能也有所不同。班组的职能主要是在不断提高职工政治、技术素质和完善岗位经济责任制的基础上，以提高经济效益为中心，全面完成和超额完成车间下达的承包任务或生产计划各项经济技术指标。工会小组则是通过各种富有成效的活动，不断提高职工队伍素质，培养职工的主人翁精神，从而保证班组各项技术经济指标、生产任务的完成。因此，以班组为基础建立相应的工会小组，通过班组和工会小组亲密合作，互相支持，各司其职，从不同的角度发挥各自的积极性、创造性，对提高经济效益十分有利。

（二）有利于开展活动的原则

合理地设置工会小组是确保工会小组开展活动的基本条件。工会小组对职工的教育是通过开展各项活动来实现的，这就要求工会小组开展的活动尽量保证小组会员都能参加。要做到这一点，在设置工会小组的时候，就要考虑是否有利于开展小组活动。

（三）人数要适宜的原则

工会是群众组织，活动内容分布广泛，工会小组作为最基层的单位，既要维护工会小组成员利益，又要开展劳动和技能竞赛，参与民主管理，开展文体活动等。如果人数过少，小组活动就得不到较好的效果。一般以十人为宜。

二、建立和完善工会小组的规章制度

工会小组设立活动制度应本着有利于工会小组工作的经常化、科学化的要求，结合小组的实际情况而定，根据一些工会小组的实践经验，工会小组工作可制定如下制度。

（一）岗位责任制

工会小组长和小组骨干要明确各自的职责，分工明确，职责清楚，按照各自的职责开展工作，使小组的各项工作落到实处。

（二）工会小组活动日制度

通过建立活动日制度开展小组活动，使小组工作有条不紊。小组活动的内容可以采取学习、民主生活会、讨论工作、组织其他活动等，讨论贯彻企业职工代表大会的决议和上级工会的指示，表扬先进，帮助后进，开展批评与自我批评；民主讨论，制定小组的规章制度、竞赛规划；听取小组职工对企业生产计划、技术措施、经营管理、工资奖励、生活福利等方面的批评和建议；讨论决定职工互助互济、困难补助及吸收新会员等。

搞好小组活动，一个最基本的条件就是要开好小组会议。根据工会小组的任务及存在的问题适时地召开小组会议，大家献计献策，这是相信群众、依靠群众、搞好工会小组建设的重要保证。为了把工会小组会议开好，工会小组长必须学习并掌握开会的领导艺术和工作方法，探索开好会议的一般规律，在实践中不断提高自己的领导能力。小组职工要热情支持组长的工作，积极参加会议，踊跃发言，集思广益，使会议获得预期的效果。

（三）民主生活会制度

小组民主生活会是工会组织加强自身建设的一项重要制度，是会员群众发扬民主、开展批评与自我批评、进行自我教育的有效形式。小组民主生活会要大力表扬小组成员中涌现出的好人好事，批评不良倾向，帮助后进，协调职工之间的矛盾。对小组中出现的带有倾向性的问题，通过民主讨论，达到统一思想认识，增强小组团结，调动积极性，创造一个宽松、和谐的环境。

（四）小组骨干定期碰头制度

小组骨干要定期召开碰头会，分析小组成员的思想状况、小组各项工作完成情况，传达贯彻上级工会布置的工作要求，讨论本小组工作设想，使小组骨干统一思想，共同开展好小组工作。

（五）台账记录制度

加强这一制度，便于积累资料，总结经验，有利于掌握交流信息，不断提高工会的工作水平。工会小组的台账记录，要根据本单位的实际设立相应的记录项目。台账形式要力求科学化、简明扼要，避免烦琐的形式主义，使工会小组工作逐步规范化。

三、加强工会小组建设的重要意义

（一）工会小组在工会组织中有着特殊的地位和作用

首先，工会是工人阶级的群众组织，它几乎包括了工人阶级全体成员，它的容量之大、组织之广是其他任何群众组织都无法比拟的。工会组织的这一特点，决定了工会在我国经济、政治、文化、社会、生态文明建设中起到十分重要的作用。而工会作用的发挥是建立在众多工会小组作用发挥的基础上，只有工会小组的作用得到充分的发挥，才能说工会真正发挥了作用。

工会小组与职工群众之间距离最近，最了解职工的思想、意愿和要求，而且它又最能及时地把这些思想、意愿、要求反映给上级工会，为工会开展各项工作提供依据。工会失去了这个基础，将一事无成。如果工会小组这个细胞活不起来，将危及工会组织的生命力。因此，工会小组这种特殊的功能和作用，就决定了它在工会组织中的地位和作用是十分重要的。

其次，工人阶级群众组织的特点，要求我们在开展工作时必须从群众性这个角度出发。那么如何使工会工作适应群众性的要求？其中，工会小组的工作内容与方法在实际工作中能否得到群众的满意和支持，已成了检验是否“群众组织群众化”的重要手段之一。因此，工会小组工作内容与工作方法在小组中的具体实践与运用，能够在一定程度上反映出整个工会工作内容与方法是否符合工会的性质与特点，是否符合群众的意愿和要求。当我们的工作符合工会群众组织的特点，收效就大。反之，则小。从这个意义上讲，工会小组又是工会工作内容、方法的实践场所。

（二）在企业改革中，工会小组作为企业改革前沿位置的作用日益突出

随着企业改革的深入，工会小组作为企业改革的前沿阵地日益显示出其重要的价值。企业要适应现代化大生产的要求，必须建立统一的、高效率的、强有力的生产经营指挥系统，但是，这种统一、集中的指挥，必须建立在民主的基础上，建立在调动、发挥每个劳动者主人翁积极性的基础上。而加强企业的民主管理就是为了调动广大劳动者的积极性，发挥他们的聪明才智。那么，职工在企业中的民主权利和主人翁地位如何体现呢？实践告诉我们，这种民主权利和地位首先要从职工的日常生产、工作等方面得到体现。因为，只有当他们的工作与本身的利益紧紧结合在一起时，职工的主动性和创造性才能充分发挥出来，并真正关心企业的生产、经营，关心企业的发展，推动企业的改革。而工会小组是班组民主管理的组织者，工会小组围绕本班组的生产、工作任务，发挥每个组员的积极性，不断提高工作效率，这样才能使职工形成一股凝聚力，保证企业生产、工作任务的完成。

另外，随着企业改革工作的全面展开，企业由生产型向生产经营型转变，其责、权、利更加明确，任务更加艰巨，班组不但要完成企业给予的

任务指标，而且又要挑起班组内的人事安排、奖金分配等重任。而要完成这些任务，光靠班组长几个人，势必力量单薄、力不从心，这就要靠工会小组发动、组织全班人员共同挑起这副重任，群策群力，以班组集体力量，保证各项任务的完成。因此，处在这个前沿阵地的工会小组，其作用日益重要，位置就更为突出。

（三）工会小组建设是坚持群众路线，依靠群众办工会最本质的体现

中国工会是党领导下的工人阶级群众组织，这一特殊本质决定了它必须树立正确的群众观点，依靠群众办工会。《中国工会章程》规定，中国工会坚持以改革创新精神加强自身建设，健全联系广泛、服务职工的工作体系，增强团结教育、维护权益、服务职工的功能，坚持群众化、民主化，保持同会员群众的密切联系，依靠会员群众开展工会工作。各级工会领导机关坚持把工作重点放到基层，着力扩大覆盖面、增强代表性，着力强化服务意识、提高维权能力，着力加强队伍建设、提升保障水平，坚持服务职工群众的工作生命线，全心全意为基层、为职工服务，构建智慧工会，增强基层工会的吸引力凝聚力战斗力，把工会组织建设得更加充满活力、更加坚强有力，成为深受职工群众信赖的学习型、服务型、创新型“职工之家”。因此，工会组织的特点在于联系群众，群众观点是工会工作的思想基础，依靠群众办工会是工会群众路线最直接的体现。工会组织的力量源泉在于广大职工之中，充分调动职工群众的积极性，依靠他们的力量，发挥他们的作用，是工会事业发展的基础。工会与职工群众的关系愈密切，工会作用的发挥就愈充分，工会的性质、特点反映愈鲜明。

工会依靠工会小组及工会积极分子开展各项工作，实行“群众办工会”，这不但是加强工会自身建设、充分发挥工会组织的作用、活跃工会工作的要求，而且也是工会性质决定的。工会要从根本上实现“群众组织群众化”，只有团结广大工会积极分子，发挥工会小组的作用，并且依靠工会小组开展各项工作，才能和广大职工心心相通，为职工说话说到点子上，为职工办事办在心坎上。

当前，随着改革的不断深化，各种所有制实现形式的探索，工会小组

工作面临的困难越来越多。在这种情况下，工会小组如何求得生存与发展，已成为摆在工会干部面前亟待解决的问题。对此，工会小组长必须具有强烈的进取意识和创新意识，以顽强的毅力、饱满的精神和昂扬的斗志去克服困难。只要我们振奋精神，迎难而上，百折不回，勇于创新，工会小组工作一定会呈现出“百般红紫斗芳菲”的景象。

第三节　工会小组的职责

一、工会小组的主要职权

根据《工会法》《企业法》《劳动法》和《中国工会章程》等相关规定，工会小组主要有以下五项职权。

一是工会小组有权依法保证班组工会会员的民主权利，维护工会会员的合法权益，代表工会会员向上级工会反映情况。

二是工会小组有权负责班组民主管理日常工作，组织职工实施民主管理。

三是工会小组有权对职工的奖罚、奖金分配，聘用、解聘、辞退、处分等涉及职工切身利益的有关重要问题提出建议。

四是工会小组有权组织职工开展有利于保证班组生产工作任务完成和提高职工素质的各项群众生产活动。

五是工会小组有权按照上级工会要求，布置开展工会活动，完成上级工会提出的各项工作任务。

总之，工会小组的社会职能反映了工会小组社会实践活动的基本方向和基本内容。这些职能有着紧密的内在联系，它是一个整体，必须全面履行，不能片面地强调某一方面而忽视其他方面。

二、工会小组的主要任务

工会小组是工会组织系统中最基础的组织，它在工会工作中处于特殊的地位，享有特定的职权，同时它也担负着特定的历史任务。工会小组的任务是多方面的，主要有如下几个方面。

（一）组织职工参与民主管理和民主监督

工会小组是吸引职工参与管理、搞好企业民主管理的基础。在班组民主管理活动中，工会小组是组织者，工会小组长是主持人，班组民主管理活动是在班组民主管理会等形式下开展的。

（二）维护职工的切身利益

工会小组在维护职工合法权益方面起着特殊的作用。这是因为，职工的合法权益首先在企业的基层，尤其是在班组中得到反映，工会小组就是要通过自己特殊的地位，及时把职工的意见、建议、愿望和要求收集起来，通过工会系统逐级反映，并通过工会组织的协调使矛盾消除，达到维护职工合法权益的目的。

（三）发挥工会联系群众的桥梁纽带作用

工会发挥桥梁和纽带的作用是要把党的路线、方针、政策，国家的法律法规，企业的规章制度，上级工会的工作任务及时、直接传达到广大职工之中，同时把职工群众的思想、意见、建议、要求和愿望集中起来。其中，工会小组要发挥自身直接接触职工群众的优势，真实地、及时地上情下达、下情上传，沟通信息。

（四）组织职工开展群众性生产活动

企业要实现经济目标，就要发挥工会小组的基础作用。工会小组要充分发挥自己的优势，根据生产经营目标组织劳动和技能竞赛，提出合理化建议，开展技术革新和技术协作活动，调动每个职工的积极性，确保生产经营目标的实现。

（五）促进职工思想政治和文化、技术水平的提高

班组是职工群众日常生活和工作的主要场所，工会小组要发挥自己的

特点，积极履行教育职能，动员和组织职工学政治、学文化、学技术，掌握现代化技术和技能，结合职工个人的具体情况，及时地、有针对性地把职工的思想政治工作与文化技术学习贯穿在日常的工作、生产和经营管理之中，有效地提高职工整体素质。

（六）组织职工开展互助活动

工会小组组织职工群众利用业余时间进行生活互助活动，这是工会为职工办实事、解决生活实际困难的好办法，也是落实工会为职工说话办事方针的具体体现，是工会小组经常性的重要工作之一。工会小组开展生活互助，特别受到职工群众的欢迎和拥护，因此，这也是构建和谐劳动关系、稳定职工队伍的一个重要手段。

三、强化工会积极分子队伍建设

工会小组要重视建立工会积极分子队伍，充分发挥工会积极分子的作用。加强工会积极分子队伍建设，关键在于通过加强工会小组自身的建设，增强工会对职工群众的凝聚力。具体应做好以下几个方面的工作。

（一）选拔配备工作

要把好工会积极分子的条件和素质关。确保工会积极分子队伍的质量，是有效发挥工会积极分子作用的重要前提。基层工会和工会组织委员要认真做好工会积极分子的选拔工作，把确实符合条件的会员通过选举选拔出来担任兼职的工会职务，或者通过群众推荐、组织邀请或特邀等方式直接聘请他们担任某项服务性的具体工作，使其成为工会专职干部的得力助手。

（二）培训提高工作

要注意提高工会积极分子的素质，通过工会理论知识培训，促使他们了解工会业务的有关知识，并且善于利用业余时间来开展工作。还要注意在基层工会委员会改选换届之后，及时对新选出的工会委员、工会小组长及各工作委员会的委员进行短期上岗培训，使他们能尽快适应工作。平时，可以结合企业中心任务和某项工作的需要，采取干什么学什么，或一事一训的办法，进行业务培训。还可以通过经验交流会、各种专业性会议和参观学习、选送参加各种工会业务培训班等方式，给他们提供提高实际工作能力的机会。对积极分子的培训是一项经常性的工作，要因地制宜，机动灵活，坚持不懈地抓好。

（三）关心支持工作

工会积极分子做工会工作一般是利用业余时间，工会组织应该给予关心，并同企业行政部门协商解决好此类问题。要支持工会积极分子提出的正确意见和合理要求。工会积极分子经常同群众打交道，在实际工作中必然会遇到这样那样的问题，产生这样那样的矛盾，为了使他们健康成长并有效地工作，还要注意关心他们的思想进步，通过谈心家访，了解他们的思想动向和工作状况及存在的困难，对于他们取得的成绩要及时肯定，存在的困难要帮助解决，一时想不通的问题要及时予以疏通。

（四）队伍管理工作

基层工会组织要安排专人负责工会积极分子工作，建立和完善积极分子名册、卡片、培训、考核、评比、表彰等制度。要保持积极分子队伍的相对稳定，并不断壮大这支队伍，有缺额的要及时补齐。基层工会可把组织、宣传、教育、劳动竞赛、生活福利、劳动保护、女职工保护、民主管理等各个工作委员会，职工代表大会的各种专门小组，厂报厂刊、板报广播、微信微博等各种宣传阵地的通信队伍，俱乐部、图书馆的管理人员等组织起来，在一些主题活动之后以及年终进行总结评比，组织经验交流，发挥积极分子的作用，增强积极分子的光荣感和责任感。

（五）建立工作制度

要注意建立有关工会积极分子工作制度，使工会积极分子有章可循。建立制度要注意符合实际，严格实行，不能搞形式主义，要让制度真正起到规范行为、推动工作的作用。并且要定期做好检查落实和必要的修订工作，使之逐步科学化和规范化。

（六）评选表彰工作

按规定定期评选优秀工会积极分子，是巩固与发展工会积极分子队伍的重要措施之一。要做好这项工作，应注意以下几点：一是要建立健全一整套评选优秀工会积极分子的制度，使评选活动经常化、制度化；二是评选时要注意广泛性和群众性，注意评选工程技术、经营管理人员和青年职工为优秀工会积极分子，鼓励他们发挥特长和才干；三是要把表彰和评选结合起来，对于那些确实做出成绩、深受群众欢迎的工会积极分子要给予精神鼓励和一定的物质奖励。

工会积极分子是基层工会开展各项活动的积极支持者和中坚组织力量。发挥工会积极分子的作用，是增强基层工会活力，推动工会工作民主化、群众化建设，做好工会工作的关键。工会专职干部比较少，吸收更多的积极分子参加工会工作，是解决基层工会专职干部不足的有效途径。

总之，依靠工会积极分子办工会，是实现工会小组工作群众化的主要途径。只要坚持了这个方向，工会工作就会有活力，就能够真正做到为职工群众做好每一件工会应该做的事。实践证明，工会积极分子在工会工作中具有举足轻重的地位。如果没有广大工会积极分子的参与，工会小组工作就会失去活力，就会脱离职工群众。从培养工会干部的角度考虑，通过吸收广大工会积极分子来做工会工作，也有助于在实践中培养、锻炼人才，使之成为工会小组干部的一个重要来源。

第四节　工会小组的作用和地位

工会小组的位置处在工会组织的基础层次，是工会各项工作的落脚点，是工会工作的最前哨。工会小组作用发挥得如何都将直接影响企事业单位工会组织功能的发挥。常言道，万丈高楼平地起。工会小组是根基，工会基础牢不牢，关键看小组作用的发挥如何。

一、工会小组的作用

工会小组是工会开展工作的基础，其作用主要表现如下。

（一）工会小组是工会维护职工合法权益的基础环节

工人阶级组织工会的最初动因，是为了借助组织的力量争取和维护本阶级的利益。因此，维护工人阶级的利益，就成为工会存在的最重要、最根本原因。工会只有代表和维护了职工群众的具体利益，才能取得群众的信任，才能成为党和政府必不可少的依靠力量，才能真正发挥它应有的作用。

工会小组在工会维护职工合法权益、竭诚服务职工群众方面起着特殊作用。职工的合法权益首先在工会小组得到反映，工会小组就是要通过自己的特殊地位，及时地把职工的意见、建议、愿望和要求收集起来，通过工会的组织系统逐级向上反映，并通过工会组织的协调，使矛盾得到消除，使工会小组在维护职工合法权益方面起到积极的作用。

（二）工会小组是组织职工参与管理、搞好企业民主管理的基础

企业实行民主管理，是我国社会主义性质所决定的。随着生产力的发展，科学技术的进步，专业化分工越来越细，经营管理越来越复杂。这就不仅需要具有现代管理意识的专业管理人才，更需要能直接参加生产活动，最了解各自生产和工作岗位情况的工人、技术人员参与管理，这种专业管理与民主管理的结合，使管理更有成效。工会小组民主管理为职工直接参与企业的生产、经营提供了条件，使职工有可能在本职岗位上关心企业、分公司和班组的生产、经营和管理，从而把广大职工吸引、组织到生产、经营过程和管理活动之中，发挥行政部门和职工双方的积极性，保证企业各项生产工作任务的完成。企业实行的是三级民主管理，即公司级职工代表大会、分公司职工代表大会、班组民主管理。班组民主管理能够最直接地为职工发挥聪明才智，参与各项生产活动创造条件。工会小组是班组民主管理的组织者，因此，工会小组必须吸引职工参与管理，行使民主权利。

（三）工会小组是劳动和竞赛活动的直接承担者

工会开展劳动和技能竞赛，不仅是工会自身性质的要求，而且也是工会履行吸引广大职工参加社会主义建设与管理职能的实际体现。这种竞赛

活动可以增强企业自我发展和竞争能力，为国家积累雄厚的物质基础，为社会提供丰富的产品，不断满足人民对美好生活向往的需要。

企业要实现发展目标，通常采用层层分解、层层确保来实现。从这一点来看，其最基础的目标仍在班组，没有班组目标的实现，也就没有企业总目标的实现。而与班组合为一体的工会小组，其中心任务就是要通过组织发动实施各种劳动和技能竞赛来调动每个职工的积极性，确保生产工作任务的完成，确保班组目标的实现。所以，工会小组是企事业单位开展劳动和技能竞赛活动的直接承担者。

（四）工会小组是工会发挥“共产主义学校”作用的重要实践课堂

列宁说，工会是“学习管理的学校，是学习主持经济的学校，是共产主义的学校”。在这个“大学校”中，工会发挥自己的优势与特长，依靠先进模范、工会积极分子以及工会小组这个基础，利用各种宣传阵地，采取群众喜闻乐见、灵活多样、生动活泼的内容和形式寓教于乐。工会小组在工会这个“共产主义学校”中起着重要的作用，成为工会发挥“学校”作用的重要实践课堂。工会要发挥“共产主义学校”作用，首要是充分发挥工会小组在组织职工群众学政治、学文化、学科学技术、学管理等方面的独特作用，只有这样，工会发挥“学校”的作用才能落到实处。

（五）工会小组是工会有效发挥桥梁纽带作用的重要阵地

工会桥梁纽带作用是指工会在工人阶级政党和职工群众之间所起到的联结作用，而工会要发挥桥梁纽带作用，就必须通过无数工会小组的积极工作，把党的方针、政策传达到群众中去，变为职工群众的自觉行动。同时，基层工会又要通过工会小组，把广大职工的思想、意愿、要求等及时地反映给党组织，为党组织制定各项政策提供最直接、最可靠的依据。工会小组的这种上情下达、下情上传的作用，是工会小组的基本特点之一。这样，在工会小组与职工群众之间再也没有任何中间环节了。处在这种“基本环节”位置的工会小组有以下几个明显的特征。

1. 联系群众，反映民情的直接性

直接性，指它不需要通过中间传递、中间层次就可以直接接触群众，

直接了解职工群众的思想，倾听他们的呼声。千千万万个工会小组处在生产建设第一线，工作与生活在广大职工群众之中，他们的周围聚集着人数众多的职工，有先进的，也有中间和落后的，工会小组可以通过自己的工作，形成一个先进带中间、后进赶先进的局面，来提高整个职工队伍的素质。同时，工会小组又可以很快地把广大职工群众的意见、愿望和情绪集中起来，反映给上级，使上级制定的各项决策更符合民情、民意。

2. 接触和反映内容的多样性和具体性

多样性，指工会小组接触到的情况是各种各样的，不是单一的，有思想问题、经济问题、生产问题；有人际关系问题、婚姻恋爱、家庭问题等。总之，凡是和职工相关的问题，都会直接或间接地在工会小组内反映出来。有人说，工会小组是社会的一个缩影。这就说明，在工会小组这块天地中，内容是十分广泛的，这样可使基层工会能全面掌握职工的思想脉搏，因势利导开展工作。同时，工会小组接触到的内容是具体的，所以它可以根据不同人物的思想特征、性格脾气，有的放矢地做思想政治工作，根据反映出来的不同事情，综合分析，寻求最佳的解决方法。

工会小组这几个明显特征，体现了它是工会联系群众、发挥桥梁纽带作用的基本环节，是社会主义精神文明建设的前沿阵地。明确工会小组是工会发挥桥梁纽带作用的基本环节，能够更有效地、更广泛地加强工会与职工群众的密切联系，发挥工会联系党与群众的纽带作用。

二、工会小组的地位

工会小组是工会组织系统中最基础的组织，工会小组的工作和活动，直接关系到工会组织作用的发挥和各项工作的落实。关于工会小组的性质和地位，可以从以下几个方面来认识。

（一）工会小组是基层工会组织的细胞

工会是一个大系统，工会小组是工会组织中的基本组成单元，是工会组织的细胞。工会小组建设得好，工作搞得活跃，那么整个工会组织就会显得朝气蓬勃，充满生机和活力。如果这些细胞缺乏生机和活力，整个工会就会失去活力，也就活跃不起来，就发挥不了工会组织的作用。

（二）工会小组是基层工会工作的基础

工会的所有工作都离不开工会小组。工会小组是工会开展各项活动的起始点，也是落脚点，工会大量的工作和职工群众提出的实际问题，都需要工会小组去面对，去具体解决。如果这个基础非常牢固，工会的各项工作就能够顺利开展，真正发挥作用。

（三）工会小组处在代表维护职工合法权益与排忧解难的第一线

代表职工群众，维护职工群众的合法权益，为职工说话办事、排忧解难是工会小组基本的也是重要的职能。班组成员几乎每天都生活、工作在一起，彼此非常了解，工会小组可以随时解决生活、工作中的困难，及时地为职工排忧解难。

（四）工会小组是职工民主管理的组织者

工会小组同职工的联系最紧密，最能够代表职工讲话，因而，可由工会小组组织职工参与企业民主管理，包括组织一些征集各项改革方案、合理化建议活动、民主评议干部等。工会小组的作用发挥很大程度上影响整个工会的实际地位。

【案例】

上海市总工会出台进一步加强班组工会工作的实施意见

上海市总工会近日出台《关于进一步加强班组工会工作的实施意见》，把班组工会小组建设作为夯实基层工会基础的重要环节，首次提出了“五个第一”的班组工会工作任务，为新时代班组建设赋能。

《意见》指出，班组是企事业单位组织职工完成生产、经营、管理等任务的基本单元，是激发职工活力的重要载体。班组工会小组是工会组织的细胞，是工会开展各项工作和活动的基础和落脚点，是工会密切联系职工群众的关键环节。围绕推动工会各项职能在班组全面履行，强调班组工会小组要做到“五个注重”：注重强化思想引领，注重提升职工素质，注重抓实安全生产，注重构建和谐劳动关系，注重关爱服务职工，持续提高工会组织的引领力、组织力、服务力，让工会工作为新时代班组建设赋能，为新时期产业工人队伍建设改革聚力，为新征程高质量发展服务。

《意见》提出了班组工会小组“五个第一”的任务：

——强化思想引领，打造职工学习成长的“第一课堂”。坚持以科学理论武装人，创新理论学习方式，用好班前班后会，推动班组成为职工践行劳模精神、劳动精神、工匠精神的实践阵地。

——推动创新创造，打造职工建功立业的“第一加油站”。推动班组因地制宜开展职工劳动和技能竞赛，举办岗位练兵、高师带徒、技能培训等活动，发动职工参加“小发明、小创造、小革新、小设计、小建议”等群众性创新创造活动，培育高技能、高素质职工队伍。

——抓好安全管理，当好职业安全的“第一守护人”。发挥工会小组长和班组安全员的现场安全监督作用，抓实班组安全教育培训，动员班组职工立足岗位排查事故隐患并及时上报，全方位守护职工生命安全与职业健康。

——加强民主管理，当好劳动关系风险的“第一报告人”。健全完善班组班务公开、民主管理小组等制度，引导班组职工参与班组生产管理的全过程，做好班组和谐劳动关系建设。

——实施关爱服务，当好职工困难需求的“第一知情人”。推进班组职工暖心关爱机制，做到“三访四要”，即：职工住院必访、女职工生育必访、职工本人或直系亲属过世必访、职工入职要谈心、职工受伤要关心、职工遇到重大困难要帮助、职工退休要欢送，当好管理者与一线职工之间的桥梁纽带。

为了确保班组工会有人、有经费办事，《意见》明确：市总工会将班组长、工会小组长培训纳入工会干部培训五年规划，推动区局（产业）工会开展分级分类培训。各级工会加大资金转移支付力度，推动基层工会将经费使用进一步下沉，为工会小组关心关爱职工提供资金保障。

《意见》还强调，要培育班组工会工作品牌，将开展班组优秀工会工作案例展示活动，选树优秀工会小组，逐级推荐参评全国和上海市“模范职工小家”，助力优秀班组创建全国、上海市“工人先锋号”。

3 月 21 日，市总工会在上海工会管理职业学院举办 2024 年第 1 期优秀班组长培训班，启动了“赋能服务千个班组”实事项目。据悉，年内市总还将举办首届上海企业班组管理技能大赛，选树100个班组优秀案例；开展班组长关心关爱行动，组织一线班组长“点亮微心愿”；为百家企业千个班组送文化，举办上海职工班组摄影大赛、传统文化直通车等活动。(劳动报记者：张锐杰 2024年3月22日)

第二章

工会小组长的产生和职责

工会小组是工会组织的细胞，是工会密切联系群众的关键环节，是工会一切活动的基础。工会小组长则是“细胞”中的“细胞核”，是工会小组的领导者和组织者。正确地挑选配备工会小组长，是基层工会组织建设的重要一环。

第一节　工会小组长的产生条件

工会小组长既要认真贯彻落实上级工会布置的各项任务，又要协助抓好小组日常管理和思想政治工作，所以，工会小组长的人选是个十分重要的问题。作为一名称职的工会小组长，必须热爱工会工作，得到大多数职工的拥护，是大家公认的“贴心人”和“热心人”；必须做到办事公道、作风正派，处处能以身作则，尤其是要受得起委屈，吃得起苦；在基层组织中有较高的威信；必须有一定的组织和活动能力，并有一定的政策理论水平。

一、工会小组长必须具备的条件

选好工会小组长，是加强工会小组建设、发挥工会小组作用的重要前提。工会小组有了好的带头人，工作就有了生机，就会活跃，这是基本的组织保证。

（一）成为工会小组长的基本条件

选举工会小组长，应掌握一定的条件。其基本条件是：坚持党的基本路线，热爱工会工作，能积极完成本职工作任务，在班组各项活动中起骨干带头作用；有一定的组织能力；密切联系群众，代表职工群众利益，敢于为职工群众讲话办事，维护职工的合法权益。

（二）对工会小组长的具体要求

工会小组工作的好坏取决于小组长水平的高低。一个好的工会小组长必须做到：第一，明确自己的职责范围，和其他成员分工合作；第二，带动小组职工认真执行工会规定的各项制度，并建立起工会小组内部必要的工作制度；第三，充分发挥积极分子的作用；第四，注意搞好组内团结；第五，领导开好工会小组会；第六，能以身作则，用自己的模范行动带动大家做好小组工作。具体包括如下几个方面。

（一）认真学习马克思列宁主义、毛泽东思想、邓小平理论、“三个代表”重要思想、科学发展观、习近平新时代中国特色社会主义思想，学习党的基本知识和党的历史，学习政治、经济、文化、法律、科技和工会业务等知识，提高政治能力、思维能力、实践能力，增强推动高质量发展本领、服务群众本领、防范化解风险本领。

（二）执行党的基本路线和各项方针政策，遵守国家法律、法规，在改革开放和社会主义现代化建设中勇于开拓创新。

（三）信念坚定，忠于职守，勤奋工作，敢于担当，廉洁奉公，顾全大局，维护团结。

（四）坚持实事求是，认真调查研究，如实反映职工的意见、愿望和要求。

（五）坚持原则，不谋私利，热心为职工说话办事，依法维护职工的合法权益。

（六）作风民主，联系群众，增强群众意识和群众感情，自觉接受职工群众的批评和监督。

二、选举产生工会小组长的办法

（一）选举工会小组长的程序

按照工会小组长的申报条件，工会小组长的产生，可以由小组会员提出候选人，经过充分酝酿，最后在小组全体会议上以举手表决或无记名投票的方式选举产生，并报上级工会批准。选举可以是等额的，也可以是差额的。人数比较多的班组，还可以增设一名副组长，也可以推选一名宣传员、一名生活员、一名生产安全员等又叫“几大员”协助工会小组长开展工会工作。

基层工会要加强对工会小组长和“几大员”的业务培训，使他们了解工会的性质、当前的任务，认真执行工会的决议，并且以身作则，秉公办事，搞好小组成员间的团结。工会小组长的选举，一般每年改选一次，可连选连任。由于工作调动或某种原因不能再担任工会小组长时，要及时召开全组会议进行改选或补选。

（二）民主选举工会小组长应注意的问题

在选配工会小组长工作中，基层工会要注意防止不良原因造成的选举失败，或选举出会员群众不满意的小组长的事情发生。一般的处理方法如下。

一是要及时掌握和注意个别群众在选举时抱不认真的态度，进行事前教育，并征求意见，做好思想工作，启发引导职工群众认真对待工会小组长的选举。

二是要注意防止以主观代替客观或出现少数人说了算的现象。

三是要注意防止选举走形式走过场，教育会员明确工会小组工作与自己的关系，珍惜自己应享有的民主权利，实事求是地选举。

四是要防止人云亦云、随波逐流，要正确评价和进行思考，公正地选举工会小组长。

五是要注意做好落选人的思想工作，鼓励他们协助工会小组长开展工作，鼓励他们发挥自己的特长，积极主动地为工会小组建设出谋划策，贡献力量。

（三）工会小组骨干的选配

为了充分发挥工会小组的作用、更好地完成工会小组承担的任务，还应选配好工会小组的骨干。选配时要注意以下几个方面。

1. 一人一事，不宜兼职过多

工会小组的骨干都有自己的本职工作，他们必须在做好本职工作的前提条件下兼做工会工作，如果一人兼多职，就会消耗过多精力，影响其本职工作。因此，工会小组骨干的选配应贯彻少而精的原则，因事设人，一人一事，一事多人为宜，避免兼职过多。同时，应根据骨干爱好、特长分配工作，以有利于发挥他们的积极性。

2. 工会小组骨干要热爱工会工作，热心为群众服务

工会工作是群众工作，只有树立了全心全意为人民服务的思想，有不

为名、不为利，热心为群众分忧解愁，乐意为职工服务的高尚品质，才能把工会小组工作搞好。

3. 有一定的群众基础

工会小组骨干要顺利地开展小组工作，必须有一定的群众基础，而其群众基础来自小组骨干的模范行动。只有赢得职工的信任和支持，才能更好地做好工会小组工作。

三、工会小组长的素质要求

工会小组长要关心小组成员的工作、生活各个方面，要分析现状，适时开展家访、谈心活动。尤其当工会小组长了解到小组某个职工对领导有意见时，更要学会妥善处理，不要火上浇油，而是要当好“消防队员”，深入了解情况，分清是非曲直，做好协调工作，保证小组内有民主的氛围、团结的气氛，更好地发挥工会小组的团队作用。

事实上，要当好一名工会小组长，除了要有一定的文化素质和能力外，更重要的是要有综合素质和能力。因此，工会小组长一方面必须具备一定的专业知识，另一方面必须学会在工作中积累，同时还要能够通过实践的磨炼，掌握抗衡各种风险的能力。如能参加一些必要的培训，那样就能促使自身的进步和工作方式的完善；如果能够多读一些相关方面的书籍，那么就能弥补自己的不足。这样工会小组的工作才会有所成效，工会小组的组织体制和运行机制上才会有创新，工会小组的组织建设才能够不断适应劳动关系和职工队伍的变化。同时活动方式要更加贴近基层职工，使工会小组更加密切同职工之间的联系，从而赢得广大职工对工会的信赖和支持。

此外，工会小组长要做个有心人，将工会活动记录好。每次活动后，都要留下“痕迹”，便于年终总结；每次谈心后，都要留下记录，便于分析情况、解决问题。工会小组开展活动要有均衡的安排，对一年中开展活动次数要做到长计划、短安排，基本上保证每个月有一次活动，活动不宜过于频繁，尤其注意不要满足于摆“花架子”、搞形式主义，每次活动都要精心策划，使之有实效，让组员都乐于参加。

第二节　工会小组长的职责

工会小组是工会组织的细胞，是工会密切联系群众的关键环节，是工会一切活动的基础。工会小组长则是细胞中的细胞核，是工会小组的领导者和组织者。如果没有一批好的小组长，就很难产生一批好的工会小组，工会工作的基础就不易牢固，也难以充满生机和活力。

一、工会小组长的日常工作职责

工会小组长的职责，是指工会小组长职务范围内应尽的责任和义务。工会小组基础工作的开展，在很大程度上取决于小组长的工作，工会小组的工作也直接影响工会工作整体效能的发挥。因此，明确工会小组长的职责对做好工会小组工作是非常重要的。

工会小组长要明确自己的职责范围，和行政负责人分工合作；建立健全工会小组内的工作制度，充分发挥工会积极分子的作用。领导开好工会生活会，搞好小组内的团结，以身作则，用自己的模范行为和大家一起做好工会小组的日常工作。具体包括以下内容。

第一，配合班组长搞好班组生产和管理工作。

第二，利用工会小组长的有利身份及时了解小组成员的思想情况，发现不利于班组团结或个别有负面思想的职工并及时进行沟通或疏导，避免班组氛围上出现被动的局面。

第三，主持好民主生活会，对班组的绩效考核要在民主生活会上通过，绩效工资考核分配，要做到奖惩依据、考核内容、分配条件三公开，并充分利用民主生活会加强职工的思想教育工作，避免出现矛盾激化或违纪事件。

第四，真正关心班组成员生活，对家庭有困难或有疾病的职工及时进行探望、询问，对其提出的合理要求要积极想办法解决，并及时向上级领导汇报。

第五，实事求是地及时向班组长反映组员的意见和要求，积极维护职工群众的合法权益。

第六，监督班组成员按要求穿戴好劳保用品，并要求企业提供规定的劳动条件，按规定及时发放个体防护用品。向企事业单位提出不断改善劳动条件和作业环境的建议，同时针对作业环境的变化及时提出改善劳保用品的提案。

第七，督促和协助班组长对本班组人员进行安全教育，提高安全生产意识和技术技能，随时制止违章指挥、违章作业。对生产设备、防护设施、工作环境进行监督检查，发现隐患及时报告，督促解决。

第八，搞好“五型”班组建设活动，根据班组“学习型、安全型、技能型、创新型、和谐型”中的创建活动的计划，记录每月的活动内容。

第九，配合班组长做好班组的原始记录、职工工时、考勤记录等，做到“及时、公平、公开、公正”，真实并按要求上墙。

第十，做好发展会员和工会小组的其他日常工作。

二、工会小组长与行政班组的关系

一般的企业班组中，有班组长，也有工会小组长。班组长和工会小组长的工作职责是不一样的，二者在班组中相辅相成、相互补位，就像人体的双臂和双腿，各司其职，有分工，有协作，分工不分家，共同将班组这个“小家”经营好，让所有的组员都能感受到“小家”的温馨。

生产班组是企业最基层的生产组织，历来就是企业管理中的前沿阵地，是直接反映职工思想情绪的晴雨表、温度计。因此，在班组中建立健全工会组织，可以确保各项工会工作扎实有效地开展。在班组中，工会小组长是工会小组的带头人，是各项活动的组织者、参与者，工会工作能不能做好，能不能发挥作用，工会小组长是关键。只要工会小组长紧紧围绕班组的发展，履行好自己的职责，开展丰富多样的工会活动，最大限度提高职工的工作热情和劳动积极性，企业就会充满生机和活力。因此，在班组这个小天地里，要把政治素质高、有一定理论水平和组织能力的工会积极分子，推上工会小组长岗位，建立一支不脱产的工会小组长队伍。班组工会在党和工会组织的领导下，牢固占领生产班组的思想政治工作阵地，在管理中真正起到理论学习的辅导员、生产经营的鼓动员、职工思想矛盾的疏导员的作用，围绕班组发展这个中心去定位、去把握、去部署，真正担当起职工利益的代表者和维护者角色，班组这个小天地一样能成为工会小组活动的大舞台。

三、工会小组在班组建设中的任务

根据工会有关规定，工会小组具有以下五项职权。

第一，工会小组有权依法保证班组工会会员的民主权利，维护工会会员的合法利益，代表工会会员向上级工会反映情况。

第二，工会小组有权负责班组民主管理的日常工作，组织职工实施民主管理，其中，工会小组长应是班组民主管理工作的主持人。

第三，工会小组有权对本班组职工的奖惩、奖金分配、聘用、解聘、辞退、处分等涉及职工切身利益的有关重要问题提出建议。

第四，工会小组有权组织职工开展有利于保证班组生产工作任务完成和提高职工素质的各项群众生产活动。

第五，工会小组有权按照上级工会要求布置开展工会活动，完成上级工会提出的各项工作任务。

从上述职权中，我们可以看到，工会小组长在班组中不是可有可无的角色，而是完成上级工会布置的工作任务的关键人物。工会小组要定期改选工会小组长。工会小组长的任期与基层工会同步，一般为三年或五年，可以连选连任。工会小组长既要认真贯彻落实上级工会布置的各项任务，又要协助班组长抓好班组的日常管理和思想政治工作，所以，工会小组长的人选是个十分重要的问题。

若想做好一名称职的工会小组长，就必须要热爱工会工作，要受到大多数组员的拥护，是组员公认的“贴心人”和“热心人”；必须做到办事公道、作风正派，处处能以身作则，尤其是要受得起委屈，吃得起苦；必须是班组里公认的生产工作能手，善于动脑筋攻克技术难关，在班组成员中有较高的威信；必须有一定的政策理论水平，有一定的组织和活动能力。

工会小组要经常开展一些活动，这些活动可以是根据上级工会布置的工作任务而开展的，也可以是根据本班组的实际情况而进行的。工会小组的活动主要是利用业余时间开展的，所以，设计的活动内容和形式如何使组员喜闻乐见便显得十分重要。活动内容应该是丰富多彩的，有围绕生产工作任务而展开的，如征集“金点子”活动；有围绕思想政治工作而展开的，如进行“理想和信念”主题讨论；有围绕班组奖金分配方案而展开的，如进行“班组奖金分配大家谈”民主管理活动；有围绕活跃职工业余生活而展开的，如举行歌唱比赛、拔河比赛，组织班组成员一日游；有围绕日常班组管理的，如协助班组长办好“班组园地”，搞一些征文和摄影、美术作品征集和评比等。

【案例 1】

上汽工会：以细微见真情！发挥工会“小”组“大”能量！

工会小组是工会零距离服务职工的最小单元。多年来，上汽集团工会高度重视工会小组建设，坚持小处着眼，细处发力，充分发挥工会小组上情下达、下情上报的桥梁纽带作用，筑牢服务职工基础，切实让广大职工群众感受到“娘家人”的温暖。

引领队伍讲好上汽故事

上汽集团下属工会小组有3000多个，每一个都能结合企业实际制定工作标准，总结好做法、好经验。如——

为提升新入职职工的归属感，上汽通用凯迪拉克工会制定“8个1”工作法；

销售公司工会小组针对职工出差多、外勤多等特点，制定“六必到”工作法。

搭建平台增强专业实力

近年来，上汽集团工会大力开展“暖心人”队伍建设，由公司工会委员、工会小组长和热心的志愿者组成。无论是上汽大众的“老娘舅”，还是上汽乘用车的“小棉袄”，或是联合电子的“U心人”，都能通过家访慰问中的家长里短，及时了解职工生活工作中的困难和需求，并充分运用集团各项政策及时给予帮助。

在深入开展“我为群众办实事”活动中，上汽集团工会将进一步加大对“暖心人”在政策理解运用、情绪管理、沟通技巧、隐私保护等方面的系统培训，增强他们对职工“望闻问切”的诊断力和治愈力。

重点采用全员家访、微信、爱心手册等多种形式宣贯、推广工会在组织、帮扶、保障等各方面的政策，不断提升职工的知晓度和参与面。

加大对工会小组长在民主管理、劳动保护、互联网思维等方面的专业培训，做到——

有素养、能影响他人

善共情、能感受理解

懂迁移、能融会贯通

会沟通、能跨界合作

不仅能对组内职工关心关爱，更要在工作和生活上给予指导和帮助。

多措并举激发职业认同

工会小组长的思想觉悟、工作能力、方式方法，直接关系着广大职工对于工会组织的了解和评判。因而，加强工会小组长的能力建设非常重要。

与此同时，和其他岗位一样，如今的工会小组长已越来越年轻化，对工作环境、薪酬福利、公平公正、个人成就、工作地位和职业规划等方面都有更高的期待。

第三章

工会小组长的工作方法和领导艺术

工会小组长是职工与基层管理层之间的桥梁，负责协调管理层与职工之间的关系，通过与管理层建立有效的沟通渠道，就职工权益和福利问题与其达成共识，维护职工的合法权益，并组织职工积极参与公司的决策。因此，工会小组长需要具备一定的组织、沟通能力，掌握领导艺术，以便有效管理和领导工会小组工作。

第一节　工会小组长的工作作风与工作方法

一、工会小组长的工作作风

工会小组长的工作作风，是指工会小组长在思想、工作、生活等方面反映出来的一贯的态度和行为，主要表现如下。

（一）以身作则，模范带头

工会小组长要做到以身作则、模范带头，就是要用自己的模范行为，时时、处处、事事作职工的表率，起带头表率的作用。

1. 在生产管理上

工会小组长要在生产管理中勇挑重担，做到“五在前”和“两首先”。即思想工作做在前，完成计划干在前，艰巨任务抢在前，执行制度走在前，关心同志想在前。凡是要求群众做到的事，自己首先做好；凡是要求别人不做的事，自己首先要不做。

2. 在学习上

工会小组长要成为学政治、学经济、学管理、学法律、学技术、学文化、学科学的组织者和模范参加者，以自己的实际行动为全组职工树立榜样。

3. 在生活中

工会小组长要带头处理好国家利益、集体利益和个人利益三者的关系，成为艰苦奋斗、廉洁奉公的带头人，以自己的模范行为和满腔热情去关心、爱护、帮助小组的每一位职工。

工会小组长只有以身作则、模范带头才能受到职工的尊重、信任，说话才有人听，指挥才灵。反之，小组长如果是对人严，对己宽，就得不到职工群众的信任，搞好小组工作就成了一句空话。

（二）尊重群众，依靠群众

工会小组长来自会员群众，并且又和群众朝夕相处，更应当事事尊重群众，处处依靠群众。

1. 工会小组长要正确看待会员群众

工会小组是工会会员在最基层的集合体，工会小组的各项工作如果不依靠全体会员群众的努力，光靠工会小组长是不行的。因此，工会小组长应把自己置身于工会小组的集体之中，依靠全体会员群众的努力，把工会小组工作做好。

2. 工会小组长遇事要同大家商量

注意倾听和采纳群众的意见，依靠整体智慧妥善处理各类问题和矛盾。要搞“群言堂”，不要搞“一言堂”。悦耳的意见要听，逆耳的意见也要听。对的意见应及时采纳，并加以鼓励；一时不能采纳的，也要说明情况，取得会员谅解；对错误的意见，也要让人把话说完，以利对症下药，理气治本。

3. 要处理好个人同集体、成绩与缺点的关系

对于工会小组取得的成绩、受到的表扬、得到的荣誉，要归功于全体会员群众的努力、领导的支持，不要沾沾自喜。对于工作中出现的问题、受到的批评，工会小组长应正确对待，严于责己，不怨天尤人。

4. 要欢迎和接受群众的监督

会员群众对组长高标准，严要求，这是对组长的爱护。对组长的工作进行监督，也是会员群众对组长的帮助和支持。因此，组长必须与组员平等相处，打成一片；要力戒主观、急躁、片面，为群众提供讲话的气氛和条件；要利用各种形式，启发和鼓励群众讲话，诚心诚意地接受群众的批评、建议，取得群众的体谅、理解和支持。

（三）作风民主，博采众长

工会小组长作风民主，博采众长，是指在小组内形成良好的政治、经济、技术、生产、生活民主的气氛，集中职工的智慧和创造性，对工会小组工作实施有效的管理。工会小组长一要尽量发挥小组职工各方面的特

长，并把他们的特长引导到搞好小组工作的轨道上来；二要利用小组职工的特长，提高自己的决策能力和组织管理能力；三要发挥职工的特长，活跃和丰富工会小组的政治、文化和业余生活，增强工会小组对会员群众的吸引力和凝聚力。

（四）坚持原则，敢于负责

工会小组长坚持原则，敢于负责，指工会小组长要以高度的责任感，敢于坚持真理，在原则问题上不让步，是非面前不含糊，认真履行自己职权的工作作风。在方法上，工会小组长一般应从三个方面着手。

1. 原则问题不让步

工会小组长在小组工作中要对会员负责。对违反党的方针、政策，违反社会公德和职业道德，影响企业正常生产工作的职工，要敢抓善管。对于直接侵犯职工切身利益、违反国家有关规定、对职工随意处理和惩罚的，工会小组长要视情节轻重，通过正常的组织管理渠道，包括运用有关法律武器，切实维护职工的切身利益。

2. 是非面前不含糊

工会小组长对任何重大事情都要态度明朗，绝不可模棱两可、得过且过，也不可让人揣摩不透。在是非面前，要注意克服“和稀泥”、有意回避矛盾的工作方法。

3. 敢于负责不推诿

（1）要防止主观、急躁、简单、粗暴的工作作风，要听取职工意见，坚决摒弃强暴命令和粗暴压制的作风。（2）实事求是，扶正压邪，对不良现象和错误行为不徇私情，秉公办事，敢说敢抓。（3）采用多种方法对有不良行为的职工进行疏导教育，对产生的问题、造成的后果不推卸责任，勇于负责，勇于开展批评与自我批评，勇于改正自己的缺点和错误。

（五）搞好团结，办事公正

工会小组长要搞好团结，办事公正，一般的方法如下。（1）有了问题就摆到桌面上来；有了分歧，要从团结的愿望出发，心平气和地进行交谈，沟通感情。（2）组长与组员之间要互相支持、互相关心，形成团结一致的民主氛围。(3) 遇到矛盾和挫折，要互相体谅，不斤斤计较，不吹毛求疵，不背后搞小动作。(4) 善于团结各类人员，不管是先进还是落后的同志，也不管是和自己关系密切的，还是对自己有意见的，都要一样对待和爱护。总之，工会小组长只有会团结人，群众才会把你视为自己的贴心人，才能充分发挥自身工作积极性，与你心连心，齐心协力搞好工会小组工作。

二、工会小组长的工作方法

(一) 分清主次，突出重点

分清主次，突出重点，是指工会小组长围绕一段时间内影响小组工作的主要关键问题，有重点地抓住主要问题，兼顾一般的工作方法。工会小组的工作带有综合性，因此，在日常工作中，工会小组长应注意以下几点。

1. 不要眉毛胡子一把抓，而应有主有次，有重点，有一般。

2. 要抓好日常管理，做好小组的各项原始记录，健全各项基础管理制度。

3. 随着生产、工作的变化和发展，不同时期应有工作的侧重点。工会小组工作并不是一成不变的，工会小组长要适时地围绕一段时间影响小组工作的主要关键问题，不断调整自己的工作方法。

(二) 依靠骨干，发挥作用

小组骨干一般是指班组的班组长、党团员、工管员、职工代表、优秀工人等。工会小组长发挥他们的作用要从以下方面入手。

1. 工会小组长要与小组骨干搞好团结

有分歧要从工作出发，开诚布公，开展批评与自我批评；互通情况，交流信息；有了成绩归集体，有了问题不要敷衍推卸。

2. 工会小组长要善于发挥骨干作用

工会小组长要在班组各项活动中起骨干带头作用，通过工会小组长对职工的宣传、引导和帮助他们排忧解难，发挥好桥梁纽带作用，增强工会组织的吸引力和凝聚力，推动工会工作更好地开展。

3. 工会小组长要协调好组员之间的关系

工会小组成员之间要有分工有合作，互相关心互相支持，一人心里有大家，大家心里有全局，这样才能齐心协力搞好小组工作。

（三）关心生活，维护利益

关心职工生活，维护职工的切身利益是工会工作的优良传统，是工会小组的一项重要工作方法。工会小组长把这方面工作做好了，不仅可以消除职工的后顾之忧，还可以体现工会组织对会员群众的关心，增进感情，促进团结，有利于在小组内形成团结、和谐、宽松的小组氛围。具体做法如下。

1. 建立家庭情况台账，做到“六知道”

“六知道”，即知道会员家庭人口和经济状况，知道家庭住址和住房条件，知道政治表现和思想动态，知道性格、特长、爱好，知道健康状况，知道家庭人员情况。掌握“六知道”，有利于工会小组长有针对性地开展工作。

2. 关心职工，做好“四看五必访”

“四看”，即上班看脸色，工作看劲头，吃饭看胃口，平时看态度。“五必访”，即病事假必访，天灾人祸必访，家庭邻居纠纷必访，婚丧喜庆必访，有了思想情绪必访。

3. 发动群众，开展“四互助”

“四互助”，即政治思想工作互助活动、生产业务互助活动、技术互助活动和生活互助活动。

4. 主持正义，敢讲真话

对群众的生活困难，凡符合国家有关政策、法令和规定的，工会小组长要督促企业行政部门和有关方面及时解决；对侵犯职工的合法权益和其他正当利益的行为，或对某些不关心群众疾苦的官僚主义作风，工会小组长要敢于和善于代表工人说话，维护职工的正当合法利益。

（四）依靠榜样，典型推动

依靠榜样，典型推动，是指工会小组长注意运用榜样的力量，推动小组工作顺利开展的一种方法。

1. 明确目的性

树立典型是为了带动大家，促进小组工作。因此，工会小组长在选树榜样、典型时要有代表性、先进性、真实性，要能反映事物发展的客观规律，要具有时代精神，能推动小组发展和建设。

2. 要有敏感性

工会小组长在日常工作中，要善于发现典型，善于捕捉职工身上的闪光点，善于发现先进苗子，培养和扶植先进人物茁壮成长。

3. 要注意广泛性

一个小组承担着各方面的工作，因此，小组长在树立榜样时，要考虑榜样来源的广泛性。既要有生产方面的，也要有技术、管理方面的，而且还要有文娱、体育等各类兴趣活动中的典型人物。但是，在树先进典型时要避免任意拔高，避免将集体的成绩归到个人身上，以及避免选树任意夸大的、虚假的和职工不信服的典型。

4. 学赶先进要形成群众性

工会小组长一方面要广泛宣传榜样的先进思想、先进事迹、先进经验，组织并号召全组职工向先进学习。同时，还要组织先进典型向大家传授思想、技术、经验，通过示范表演、现身说法、口头介绍、黑板报宣传、广播报道等方法，宣传先进典型和先进事迹，使先进典型的思想、技术、经验变成全组人员的行为标准。

三、工会小组长的工作艺术

工会小组长的工作艺术，是指小组长在小组的组织管理工作中体现出来的作风、品格、方法和由此所体现出来的组织管理才能。工作艺术有表面和潜在的两种作用，表面作用是：较高的工作艺术可以促使人的主观意志与客观要求保持协调，能够解决管理技术无法解决的问题。潜在作用为：工会小组长的工作艺术在职工中所产生的心理影响，以及对职工产生的鼓舞激励作用等。

工会小组长的工作艺术主要如下。

（一）工会小组长的语言艺术

语言艺术，是指运用语言，协调、组织工作的艺术。工会小组长如何正确运用语言艺术，一般应从语言的力量、语言的逻辑性、语言的幽默感三个方面考虑。

1. 语言的力量

语言的力量，是指语言的权威性。语言的力量主要由词意和态度两个因素组成。词意是语言的本意，态度是语言表达时的表情、情绪和语气。小组长在评价组员时，贬义过重会令人伤心，背负沉重的精神包袱；如果过轻，则达不到启发人、说服人、教育人的目的。相反，如果表扬力量过重，则会使人骄傲自满；力量过轻就没有鼓舞作用。因此，工会小组长语言的力量应根据组员的不同性格、气质、表现，问题的大小，事情的轻重分别对待。

2. 语言的逻辑性

语言的逻辑性，是指语言要符合逻辑推理，避免不符科学的乱说。语言中的逻辑成分是逻辑思维和推理的结果。工会小组长要克服那种啰唆、冗长、重复、言之无物、有口无心的说话方法，使自己的语言能表达正确的思想，形成内在的力度，具有号召力、吸引力，从而打动职工的心。

3. 语言的幽默感

语言的幽默感，是指语言能产生生动、亲近、愉快的情绪和气氛。小组长必须锻炼自己的说话方式，增强幽默感，调节职工的情绪。当组员面有难色地向你诉说苦衷时，你能给予其幽默的慰问，他的疲劳就容易及时消除；当有人出了差错，你给予幽默的批评，那么，他就会心悦诚服地接受批评；当有人在荣誉面前沾沾自喜时，你给予幽默的劝告，他就能容易接受你的劝慰。但是，在使用时也要注意场合、对象、职工的接受程度，要正确运用，不能滥用。

（二）工会小组长的交谈艺术

交谈是工会小组长与职工交流思想，融洽感情，增进友谊，沟通信息的一种双向语言交流过程。交谈艺术就是掌握交谈方法，使交谈能够达到理想目的的才能。

1. 观察

工会小组长要注意观察组员的性格、情绪特征，掌握不同对象的规律。因为在交谈时每个人的谈话方式、情感表达方式以及心情境遇各不相同，要根据不同对象的不同特点，选择适当的方式和内容进行谈话。可以先从与正题无关的话题谈起，对方反应较好时再引入正题，并在谈话过程中及时调整自己的谈话策略。

2. 协助

当谈话对象陷入苦恼时，工会小组长可从关心体贴的话语入手；当对方思维语言发生困难时，可给予适时的帮助；当对方记忆不清时，可助其回忆；当对方脱离谈话内容时，工会小组长应及时提醒，使谈话双方始终处在一种相互友好的气氛之中。

3. 点题

当谈话触及问题时，不要穷追不舍，要制造宽松的气氛，缓解紧张。当对方不愿合作时，要巧用激将法，要抱着真正帮助职工的心情与对方推心置腹地交谈；当对方触及正题，话匣子打开后，不要临时插话，以免打乱对方的思路；当对方把问题讲完，需要得到你的答复时，不要随便许愿、讨好，或者说大话假话。

4. 分析

在与职工交谈过程中，要帮助对方分析问题。交谈分析方法，一般可以从外围、客观问题谈起。然后，工会小组长也可以主动承担责任，帮助职工分析利弊，找出危害，杜绝重蹈覆辙。

5. 结束

在双方心情舒畅的气氛下结束交谈，并提示对方注意，为其指出今后努力的方向。交谈时间的长短，一般以目的是否达到为衡量标准。一次谈不完，可以下次继续谈，不要急于求成。

（三）工会小组长主持会议的艺术

工会小组长主持会议的艺术，是指小组长在主持会议中所表现出来的组织才能。一般方法如下。

1. 确定议题

工会小组长必须在会前把议题同职工交代清楚，特别是关于小组重大问题的会议，有分歧的会议，以及奖金分配、职工奖惩会议等。工会小组长为保证会议的成功，可采取如下顺序。（1）先开小组核心成员会议，预先酝酿。（2）在核心成员意见基本一致的前提下，召开骨干会议讨论。（3）采取骨干分头包管方法，分头做组员的工作。（4）小组长组织联络、收集职工的意见和反映，及时调整原来的方案。（5）在职工意见基本一致的前提下，再召开小组会议。这样就可以使本来较难集中意见的会议取得令人满意的效果。

2. 抓住主题

每次会议要避免一些琐碎的事占据会议的宝贵时间，主持会议者一定要抓住主题，不让会议开“无轨电车”，要议而有决。要安排好会议的次序，对一次会议中讨论较多的内容、需要大家动脑筋讨论的内容放在前面进行，把富有活力的内容安排在后半部。小组会要提倡开短会、少开会，对可开可不开的会议要坚决不开。

3. 善于引导

在会议期间，工会小组长必须善于引导小组成员适当适时地终止一些有争议的辩论。方法如下。（1）基本一致及时终止。（2）求大同存小异及时终止。（3）没有必要完全一致的可以允许保留意见，但应巧妙地终止辩论。（4）做好记录小结。开小组会，组长要落实人员做好会议记录，把会议通过的要求、内容记录在案，便于会后查阅。（5）变换会议形式。对于有争议且进行不下去的会议，工会小组长可将会议形式作一些改变，采用职工喜闻乐见、乐意接受，又有利于达成会议目标的有效形式，如恳谈会、茶话会、公园联谊会、旅游畅谈会、讨论会等。

（四）工会小组长协调群体行为的艺术

工会小组长与行政班组长面向职工群体，其重要的一项工作就是做好职工群体间的协调工作。既要协调班组与职工的关系，又要协调小组群体与个体之间关系；既要协调班组职工思想、经济、生活方面的关系，又要协调八小时之内及八小时之外的多种关系。

1. 自身利益与组织利益的协调

工会小组长要以身作则把个人的自身利益与集体利益结合起来，当个人利益和组织利益存在矛盾时，妥善把个人利益融合在集体利益之中。同时，考虑小组集体利益时要兼顾和体现小组职工的利益，正确处理集体与个人之间的关系。

2. 个人目标与组织目标的协调

每个人的期待、要求、理想不同，其所形成的个人目标就可能与集体目标不一致。工会小组长的协调并不是一味迁就，也不是压抑和限制个人目标的存在，而是必须把集体目标建筑在个人目标之上，是集中化了的个人目标。当个人目标和集体目标相矛盾时，要给予组员正确引导，帮助处理组织目标与个人目标的关系，并且做好说服动员和职工思想工作。

3. 物质需要和精神需要的协调

工会小组长要运用物质与精神相结合的方法，调动职工的积极性，对于劳动者要正确履行按劳分配原则，同时，必须与精神鼓励相结合，激发职工的积极性，对个人的行为进行有意识的调节。

4. 成员之间关系的协调

工会小组长协调成员间关系就是要促成各成员形成相互支持的习惯。一个相互支持的集体，成员之间平等相待，和睦相处，互相信任，互相合作，就会产生一种满足感，当成员明白这种满足感是别人给予他的时候，他也会尽量主动去满足别人的需要。

第二节　怎样当好工会小组长

一、要有热爱工会工作的思想意识

工会小组长应该有热爱工会工作的思想意识，这是作为工会小组长必须树立的正确思想。工会小组长既是小组之长，又是生产工作骨干；既是兼职的工会工作者，又是普通劳动者。不仅要做好本职工作，还要做好工会小组工作。因此，工会小组长必须明确以下两点。

（一）明确工会小组长的作用

明确工会小组长既是带领群众参加建成社会主义现代化强国的组织者，也是对群众进行思想教育、技术教育、文化教育，提高工人素质的前线指导员。工会小组长工作的效果常常影响到职工素质是否得到提高、生产工作任务是否顺利完成，为此，工会小组长要明确自己工作的意义和作用，树立工作的责任心。

（二）明确工会小组长的职责

工会小组长要为职工群众说话、为职工群众办事、为职工群众服务。这样才会赢得职工群众的信任。

二、要树立集体观念

组员在小组中是以个人为中心，完成上级或班组交给的各项生产工作任务，参加工会小组的各项活动的。但工会小组长在工作中必须以小组为中心，站在小组的立场上观察、考虑、处理问题。

工会小组工作要发动大家一起做。工会小组长要带领职工贯彻车间或部门分工会布置的各项任务，如果光靠组长一人忙碌，小组成员的积极性得不到发挥，小组工作也搞不好。小组长必须摸索规律，根据各人的特点，发挥好小组成员的积极性。

工会小组长要由个人工作经验向小组管理经验发展。小组个人一般以积累个人工作经验为主，但是当了工会小组长以后，就要不断积累小组管理经验。这就要求小组长不断学习，增长见识，使自己努力成为一名优秀的工会小组长。

三、要有自觉主动的工作作风

每个工会小组长，都要根据本行业、本工种（工作）的特点，结合工会小组的工作任务，自觉主动地工作。过去，总有人认为，工会小组长只要无条件地照上级的指示去办去做就好了，这是不全面的。根据许多优秀工会小组长的经验，光执行上级指示还不够，还应自觉主动地开展工作。一般来说有三个“自觉”、三个“主动”。(1）自觉对照工会小组长职责，经常检查自己的工作，时刻保持旺盛的工作热情，努力履行自己的职责；(2）自觉学习先进经验，贯彻上级指示精神，制订、筹划本小组工作计划；(3）自觉接受群众意见，努力改进工作方法，活跃小组各项有益活动，保证小组正常工作；(4）主动与上级工会联系，汇报工作，不断掌握信息，领会精神，灵活能动地开展工作；(5）主动寻找工作新课题，针对本组特点，有的放矢地开展工作，做到思想新、方法新、成果新；(6）主动追求正能量，以身作则，榜样示范，在群众中树立文明道德的形象。有了自觉主动的工作方法，会增强为群众服务的意识，锤炼任劳任怨的品质，能够使工会小组工作有成效，也就会得到领导的肯定，群众的支持和拥护。

四、要有科学的工作方法

工会小组的科学工作方法，主要是指工会小组长如何根据客观情况，从小组实际出发，正确地去解决问题、处理矛盾。一般应注意“三异”，即因人而异、因地而异、因时而异。

（一）因人而异

因人而异，指工会小组长要根据本小组职工的不同情况，区别对待。

对不同年龄的人，要考虑他们之间的年龄差别、处世态度、身体状况，甚至家庭结构、社会关系。对不同性别的人，要注意其生理特点及身体状况所造成的思想情绪以及性格、爱好、忍耐心、承受力等。工会小组长在特殊情况下，应自觉主动地根据对象有效地开展工作。如在一些流动性大、工作点分散的工会小组，工会小组长就要随时掌握会员的情况，及时表扬先进，做好职工思想情绪稳定工作，积极开展以小组为单位的各种有益活动。

（二）因地而异

因地而异，指工会小组长应根据小组活动的场所及环境，灵活地开展工会小组工作。工会小组长应根据本组人员的需要，积极开展活动，如游览、参观、联欢、交流等。要注意活动及环境给会员带来的一些思想波动。有的职工在交流中，感觉自己不如别人，从而自暴自弃，工会小组长应予以鼓励。在参观游览时，工会小组长要结合历史遗迹、历史传说，进行爱国主义教育，让组员自然而然地在游览中接受教育。

（三）因时而异

因时而异，是较难掌握的一种方法。要做到似乎不难，但要做好，也非易事。“时”主要是指工会小组长进行活动所必须掌握的一些时间概念及时机概念，包括以下方面。（1）活动的时间安排。（2）会员在某个时间段的最佳精神状态。（3）季节时令天气的变化影响，如夏日长、冬日短。（4）活动时间的安排程序。如星期一安排了，星期二就不必再安排别的活动，注意不要因活动太多而引起反感。（5）活动时间的长短。活动时间过长而内容枯乏，会造成活动实施松散的不良效果；活动时间过长，会使人感到流于形式。无论什么时候，都要考虑会员的需要、习惯、爱好，因人而异、因地而异地开展工作。

五、要正确处理好与班组长和会员群众的关系

（一）正确处理与班组长的关系

工会小组都是按行政组建立的，所以，工会小组长必须与班组长处理好关系。行政组长是生产经营工作的直接指挥者，工会小组长是工会组织

最基层的组织者。工会组长与班组长的关系，是相互配合相互支持的协作关系。两者的根本利益都是为了搞好班组建设，完成生产工作任务，提高经济效益，促进企业发展，维护职工权益。

作为班组长必须对工会小组长抱着真心依靠、充分信任、坚决支持的态度，工会小组长也应时时维护班组长的生产指挥权威，教育职工群众遵纪守法，支持班组长工作。虽然两者都有自己的工作职责及范围，但归根结底仍然是相辅相成、互为依靠的。要处理好与班组长的关系，工会小组长应该主动做到以下几点。

（1）有矛盾时，多作自我批评，语言平和，谦让三分，不要“老死不相往来”，也不要互相拆台。

（2）遇困难时，要主动参谋相助，不要只顾各自利益，更不要搞拉帮结派。

（3）有任务时，要以身作则带好头，分工明确不分家，不搞小动作，不打“退堂鼓”。

（4）有疑问时，主动做好解释工作，实事求是，取得谅解；主张公道，互通信息，及时交流思想；不搞“突然袭击”，不搞“自作主张”。

（5）有问题时，不要斤斤计较推卸责任，要相互理解，共同分析，共同研究，共同处理，不踢皮球不扯皮。工作上相互协商，相互关心，相互支持。

（二）正确处理与会员的关系

会员是工会小组的细胞，工会小组长要依靠和发挥每个会员的作用，就要从政治上帮助他们，从生活上关心他们，真正依靠会员群众，共同建好工会小组，要时时刻刻发扬政治民主、经济民主、生产民主和生活民主。工会小组长对自己的会员应尽可能做到以下几点。

（1）了解会员情况，熟知会员个性。

（2）发挥会员特长，提供活动方便。

（3）尊重会员意见，满足会员正当要求。

（4）体谅会员心情，关心会员生活。

（5）诚恳为会员服务，虚心接受会员监督。

（6）保障会员民主权利，维护会员合法权益。

第三节　努力提升工会小组长素质

建设高素质的工会小组长队伍，是实现工会干部自身建设水平的内在要求。新形势的发展对工会工作提出了新的要求，作为工会小组长，要想做好企业的工会小组工作，必须做到思想政治素质强，作风扎实过硬，业务水平高的素质。只有努力提高自身的素质能力，才能担当起新时代赋予工会工作的重任。

一、加强政治理论学习，提升思想政治素质

加强政治理论学习，提高思想政治素质，是时代发展对工会小组长的迫切要求。工会小组长不但要有讲大局、讲原则、讲奉献，有高度的责任感，廉洁奉公，热情为职工群众服务的精神，还要有强烈的事业心、开拓精神和敢替职工群众说话办事的精神。

工会小组长要提高思想政治素质。第一，要用马克思列宁主义、毛泽东思想、邓小平理论、“三个代表”重要思想、科学发展观、习近平新时代中国特色社会主义思想武装自己的头脑，不断提高自己的政治理论素养，始终坚持在党的领导下推进工会工作创新发展，始终保持工会工作的正确方向。第二，必须强化政治理论学习，要自觉成为学习的模范，要把从经济、法律、企业管理等方面学到的知识运用于实践，努力成为学习型、知识型、实干型相统一的工会干部。

二、熟练掌握专业知识，提高业务工作能力

工会小组是推进职工参与企业文化和职工文化建设的组织者和实施者，承担着鼓励、引导、支持、帮助职工做好本职工作的重要任务。企业的改革使工会小组工作内容更加丰富，工作方式更加多样，工作任务更加

繁重。工会工作环境的这些重大变化都对工会小组长的业务水平、知识结构、工作方法、应变能力等提出了新的要求，要做好这些工作，必须具备与本职工作相适应的专业知识、工作能力。

作为一个工会小组长，不仅要有一定的理论修养，而且必须具备与承担本工作相适应的专业知识和工作能力。必须加强对企业管理知识、民主管理知识、《劳动法》、《工会法》等专业知识的学习，熟悉和掌握经济、法律、社会保障等相关规定，不断完善经济、法律等方面的知识和计算机操作技能等，不断提升研究问题、分析问题、解决问题的本领和能力，对自己小组工作的相关政策做到全面了解，熟记于心，为不断探索新形势下工会工作的特点、变化和工作方式夯实基础。

三、鼓励开拓性工作，提高工会小组长的创新能力

创新是知识经济时代的成功之本。对工会小组来说，用先进的科学文化知识武装广大职工，提高他们的创新才能，鼓励开拓性工作，既是保持和发展工人阶级先进性，充分发挥工人阶级主力军作用的必由之路，也是从根本上保障职工权益的重要途径。

创新是一个民族进步的灵魂，也是推动各项工作持续前进的不竭动力。面对新形势和新任务，工会小组长要开创工会工作新局面，必须善于运用创造性思维，发挥理论联系实际和学以致用的优良学风，不断提高新认识、提出新见解，着眼于对工会小组工作实际问题的理论思考，着眼于推动工会工作新的实践和新的发展，联系岗位工作实际，勤于思考，不断提高理论创新、工作创新、制度创新的能力。

提升工会小组长的创新意识，要求工会小组长要从思想上消除因循守旧、安于现状的思想，树立永不满足，敢于打破旧框框、善于思考探索的意识；消除担心怕事和自卑心理，树立只要充分发挥自己的聪明才智，人人都可以创新的意识。树立工会小组长的创新观念，要求工会小组长坚持在思想上瞄准前沿、思路上高人一筹、实践上领先一步、标准上抢占工会工作制高点的创新发展观念。

四、搞好作风建设，树立自身形象

作风建设是否朴实、深入、务实、民主、团结、廉洁，是衡量一个干部作风形象的标准。工会小组长要树立好的工作作风，必须深入基层，深入班组，深入职工群众中，抓典型，抓重点，抓关键，与职工群众心贴心，积极帮助他们解决困难，务实工作，才能提高自身地位，体现工会小组的作为；必须严格组织纪律，把好权力关、金钱关、交友关、生活关，严格执行党的纪律和法规，才能增强事业心、责任感和政绩观，营造风清气正的氛围，发挥工会小组的优势和力量。

五、提高公仆意识，全心全意为职工群众服务

工会是中国共产党领导的职工自愿结合的工人阶级群众组织，群众性是工会组织的根本特点。工会小组长的工作核心是增强群众观点，贯彻群众路线。工会干部必须有公仆意识，要热爱本职工作，要有密切联系群众的作风，要与广大群众心连心，认真倾听群众呼声，反映群众意愿，关心群众的疾苦，想群众之所想，急群众之所急，帮群众之所需，时刻把群众的安危冷暖放在心上，先天下之忧而忧，后天下之乐而乐，吃苦在前，享受在后，千方百计为群众排忧解难，努力为群众办实事，办好事；要有责任意识，有努力勤奋、无私奉献精神，有不计个人得失、牺牲个人利益也能坦然承受的精神；要落实“一切为了群众，一切依靠群众，从群众中来，到群众中去”的群众路线，善于做群众工作，和大家一起讨论共同关心的问题，形成共识，找出解决问题的办法；要有一定的调查研究能力，多与职工交朋友，为职工排忧解难；要有爱心和耐心，以关爱的态度去做职工工作，动之以情，晓之以理，对职工的困难问题要耐心解决，要学会协调，遇到不同的情况，采取不同的解决方法。

总之，工会小组开展工作和活动要以职工群众为中心，让职工群众当主角，而不能让职工群众当配角、当观众。要更多关注、关心、关爱普通群众，进万家门、访万家情、结万家亲，经常同职工群众进行面对面、手

拉手、心贴心的零距离接触，增进对群众的真挚感情。作为工会小组长，只有心中装着职工群众，对职工群众怀有深情厚爱，才能动真情，心贴心，想职工所想，急职工所急，帮职工所需，解职工所盼，这也是工会小组长做好群众工作的重要先决条件。

【案例1】

工会小组长经验谈

时间过得真快，眨眼已经进入年末。在这一年里，我们工会小组在党支部和公司工会领导下，以习近平新时代中国特色社会主义思想为指导，以公司工会工作计划为思路，认真学习，努力工作，不断转变观念，应对挑战，与时俱进。我们共同完成了各项生产任务，营造了积极向上的氛围。本小组成员同心同德，奋发向上，无私奉献，爱岗敬业，积极争创优秀工会小组。在全组成员的共同努力下，已顺利完成了工作任务，并取得了一定的成绩。

一、做好劳动保护的监督检查

安全是我们铁路运输企业生存的基础，是提高经济效益的必要保证，是进步和发展的前提。然而，2022 年的安全工作对于我们小组来说是值得认真反思的一年，本班一名职工在包枕木时，滑脱挤压手指，致使手指受伤，给本人及车间造成严重影响和经济损失，也给自己的家庭造成了伤害。事故发生，使我们暴露了安全治理方面的诸多问题。强化劳动安全保护监督，实现安全生产的全面提高是我们工作的重点。

1. 班组安全从我做起。岗前认真穿戴好劳动保护用品，针对当天的作业任务，认真填写好伤害预知预警卡片。在作业过程中，严格按岗位的操作规程进行，真正做到把安全事故的可能性降到最小。

2. 认真负责，严格执行。在作业前，认真检查所使用的各种工具是否正常可靠，本组成员的劳动保护用品是否穿戴齐全，并且安排好冬天的安全互保对子；在作业过程中，发现违章现象及不按操作规程进行作业的人员应及时纠正制止，对不服从管理的及时让违章者退出工作现场。

3. 加强学习，提高技能。积极协助班组长组织好每周一次的班组安全活动，认真学习上级各部门有关安全的各种文件，认真贯彻各级部门有关安全要求。在班组中经常组织职工学习有关的各种安全法规，使职工在思想上认识到安全的重要性，并且能主动地遵守安全法规，作业时能严格按本工种的安全操作规程操作，真正做到提高职工安全技能。

二、爱岗敬业，无私奉献

为了确保全年生产目标的顺利完成，作为工会小组长，协助班长组织职工发扬当家作主、艰苦创业、无私奉献的光荣传统，发扬班组职工爱岗敬业、尽职尽责、苦干实干的优秀品质。

三、加强班组职工小家的建设

为促进职工小家建设，为建设和谐企业助力，作为工会小组长，在休息时间经常组织看书看报，关心国家大事，组织职工捐款，为灾区人民积极献爱心。为了班组的民主、公开，协助班组长公布公示每个月的工资情况，接受班组成员监督，确保班组工作的透明性。

总之，一年来，工会小组的工作在艰苦奋斗、勇攀高峰的氛围中，圆满地走过了一个稳步前进的一年。相信在新的一年里，工会小组的工作会更上一层楼。

第四章

工会小组的思想政治工作和职工文化建设

企业的思想政治工作和职工文化建设的基础在职工，重点在基层。工会小组的思想政治工作和职工文化建设是企业文化建设的重要组成部分，是打造品牌工会的重要因素，是企业精神文明建设的重要内容。注重职工的思想政治工作、加强和发展职工文化建设有利于提升企业形象，凝聚职工队伍，推动工会小组工作创新发展。

第一节　工会小组的职工思想政治教育工作

2021年，党中央、国务院出台《关于新时代加强和改进思想政治工作的意见》，明确了新时代加强和改进思想政治工作的指导思想、方针原则、重要举措、方式方法和工作格局。《意见》指出，要提升基层思想政治工作质量和水平。加强企业思想政治工作，把思想政治工作同生产经营管理、人力资源开发、企业精神培育、企业文化建设等工作结合起来，在思想上解惑、精神上解忧、文化上解渴、心理上解压。因此，职工思想政治教育工作要全面贯彻落实党中央和全国总工会工作要求，坚持守正创新，聚焦使命责任，强化职工思想政治引领，加强和改进职工思想政治工作，引领职工坚定不移听党话、跟党走。因此，做好新形势下职工思想政治工作，有利于实现“十四五”规划目标任务凝聚精神力量，激发工人阶级主人翁意识，充分发挥主力军作用；有利于进一步推进社会主义核心价值体系建设、推动社会主义文化大发展大繁荣；对于化解社会矛盾，维护职工队伍稳定和社会和谐，巩固党的阶级基础和群众基础。

一、企业职工思想政治工作的总体要求

新时代加强和改进企业职工思想政治工作：必须以习近平新时代中国特色社会主义思想为指导，全面贯彻党的二十大和二十届二中、三中全会精神，增强“四个意识”、坚定“四个自信”、做到“两个维护”，紧紧围绕统筹推进“五位一体”总体布局和协调推进“四个全面”战略布局，坚持稳中求进工作总基调，围绕巩固马克思主义在意识形态领域的指导地位、巩固全党全国人民团结奋斗的共同思想基础这一根本任务，自觉承担起举旗帜、聚民心、育新人、兴文化、展形象的职责使命，把思想政治工作作为治党治国的重要方式，着力固根基、扬优势、补短板、强弱项，提高科学化规范化制度化水平，充分调动一切积极因素，广泛团结一切可以

团结的力量，为人民服务，为中国共产党治国理政服务，为巩固和发展中国特色社会主义制度服务，为改革开放和社会主义现代化建设服务。

新时代加强和改进企业职工思想政治工作：必须坚持和加强党的全面领导，把思想政治工作贯穿党的建设和国家治理各领域各方面各环节，牢牢掌握工作的领导权和主动权。坚持以人民为中心，践行党的群众路线，把人民对美好生活的向往作为奋斗目标，组织群众、宣传群众、教育群众、服务群众，强信心、聚民心、暖人心、筑同心。坚持服务党和国家工作大局，全面贯彻党的基本理论、基本路线、基本方略，坚持系统观念，把思想政治工作与经济建设和其他各项工作结合起来，为党和国家中心工作提供有力政治和思想保障。坚持遵循思想政治工作规律，把显性教育与隐性教育、解决思想问题与解决实际问题、广泛覆盖与分类指导结合起来，因地、因人、因事、因时制宜开展工作。坚持守正创新，推进理念创新、手段创新、基层工作创新，使新时代思想政治工作始终保持生机活力。

二、工会小组思想政治教育工作的主要内容

（一）深化“中国梦·劳动美”宣传教育活动，引导职工坚定对中国特色社会主义的信念，对实现第二个百年奋斗目标、以中国式现代化全面推进中华民族伟大复兴的信心

要强化理想信念教育，坚持用习近平新时代中国特色社会主义思想武装头脑、指导实践、推动工作。坚持不懈地开展中国特色社会主义理论体系宣传普及活动，用马克思主义中国化最新成果武装职工；开展理想信念教育，引导小组职工牢固树立中国特色社会主义共同理想和正确的世界观、人生观、价值观；开展以爱国主义为核心的民族精神和以改革创新为核心的时代精神教育，增强小组职工的国家意识、公民意识、法治意识和现代文明意识。弘扬民族精神和时代精神，充分利用重大节庆、爱国主义教育基地、国家公祭仪式等，加强党史、新中国史、改革开放史、社会主义发展史教育，加强爱国主义、集体主义教育，引导小组职工树立正确的

历史观、民族观、国家观和文化观。紧紧围绕培养担当民族复兴大任的时代新人，把社会主义核心价值观融入小组职工的生产生活，体现到职业教育、精神文明创建、文化产品创作生产全过程。深入实施公民道德建设工程，精心选树“时代楷模”、劳动模范、最美职工等先进典型，广泛宣传他们的先进事迹和突出贡献，引导小组职工树立幸福源自奋斗、成功在于奉献、平凡造就伟大的鲜明时代价值取向。弘扬科学精神，普及科学知识，自觉抵制违法违规宗教活动和迷信活动。加强法治教育，推进信用管理，引导小组职工尊法学法守法用法。深入开展文明车间、文明班组、文明职工等创建活动，广泛开展学雷锋志愿服务活动，展示新时代产业工人良好形象。

（二）强化形势政策教育，激励小组职工积极投身改革开放和社会主义现代化建设

要结合国际国内形势的发展变化、党和国家重大政策措施的出台，宣传我国各项事业取得的新进展新成就，分析经济社会发展面临的机遇和挑战，讲解党中央的决策部署，帮助小组职工正确认识形势、准确理解党和国家的大政方针。要针对小组职工普遍关心的劳动就业、社会保障、收入分配、教育卫生、居民住房、安全生产等热点问题，把党和政府的各项政策措施讲清楚，把对人民群众的利益安排讲明白，做好解疑释惑、增进共识工作。要及时向小组职工阐释企业市场环境的新变化和企业改革发展的新任务，介绍企业发展的长远规划和实施步骤，坚定小组职工搞好企业的信心。

（三）加强企业文化建设，激发小组职工爱岗敬业、奉献社会的热情

要大力开展社会责任教育，引导企业和职工深刻认识企业的使命，正确处理国家、企业、职工三者之间的利益关系，更好地履行企业的经济责任、政治责任、社会责任。要紧密结合企业实际，深入挖掘企业历史与文化资源，总结提炼并不断完善企业价值理念，增强企业文化对职工的号召力和影响力。要扎实推进以爱岗敬业、诚实守信为主要内容的职业道德建设和以廉洁从业为重点的廉洁文化建设，增强小组职工的职业精神和廉洁

意识。要进一步弘扬劳模精神、劳动精神、工匠精神，发现和推广生产经营一线涌现出的先进典型，广泛宣传劳动模范和先进工作者的感人事迹和崇高精神，充分发挥模范人物的示范带动作用，形成劳动光荣、知识崇高、人才宝贵、创造伟大的浓厚氛围。要深化文明企业、文明车间、文明班组、文明职工等精神文明创建活动，广泛开展“创建学习型企业、争做知识型职工”活动，深入开展志愿服务活动，在小组职工中形成热爱学习、积极上进、岗位建功、奉献社会的风气。要组织开展内容丰富、形式多样的群众性文化体育活动，使小组职工在参与中满足精神文化需求，陶冶道德情操。

（四）维护职工合法权益，增强广大职工的主人翁意识

发挥广大职工的主人翁作用是中国特色现代企业制度的内在要求。越是深化企业改革，越要始终贯彻全心全意依靠工人阶级的方针，尊重职工群众主体地位，依法保障职工政治权益、经济权益、文化权益、劳动权益，努力形成企业和职工利益共享机制，建立和谐劳动关系。组织职工参与班组民主管理，确保企业改革发展成果惠及全体职工。要积极探索贴近职工、服务职工的新途径新办法，立足企业长远发展，结合小组职工个人实际，帮助职工做好职业生涯规划，为职工发挥聪明才智创造条件，实现职工与企业共同发展。要关心小组职工疾苦、倾听职工呼声，多办暖人心、稳人心的好事实事，满足职工改善生产环境、加强劳动保护、提高生活待遇等方面的合理要求，在解决实际问题的过程中解决好思想问题。

（五）注重人文关怀和心理疏导，引导小组职工用正确的方式处理人际关系、表达利益诉求

要高度重视和密切关注职工多方面心理感受和情绪反应，根据不同群体的特点，开展心理健康教育，健全心理咨询网络，提供及时有效的心理咨询服务，引导小组职工正确对待自己、他人和社会，正确对待困难、挫折和荣誉，培育奋发进取、理性平和、开放包容的社会心态。要加强心理危机干预工作，妥善应对重大心理危机事件。关心关爱小组职工，维护他们的合法权益，丰富他们的精神文化生活，提高他们的自我保护能力，不断增强他们对企业的归属感和认同感。要积极做好对小组困难职工的人文

关怀和心理疏导工作。

三、工会小组开展职工思想政治教育工作的有效途径

（一）开展形式多样的主题教育

职工主题教育是以活动为载体，在职工中开展的一种专题性教育实践活动。这类活动要紧密围绕党的中心工作和重大任务，围绕工会工作的全局，要具有鲜明的主题。组织职工群众参与其中，寓教于具体活动，寓教于职工实践，有利于职工在实践中深化对主题的认识和理解。主题教育直观、具体、生动、感性，是深化和创新职工思想政治教育工作的重要手段。

（二）以群众性精神文明创建活动为重要载体

群众性精神文明创建活动是对职工群众进行思想政治教育、提高职工文明程度的有效途径。由于创建活动思想主题鲜明，能够较好地体现职工群众的共同理想、共同信念和共同利益，具有较强的号召力和吸引力；创建活动源于基层、贴近职工生活实际，有利于职工群众在参与中得到实惠，感受到党和国家的温暖，使职工群众增强对党和国家的信任；创建活动具有职工喜闻乐见、丰富多彩的特点，能够吸引职工群众广泛参与，使职工在参与中实现自我服务、自我管理、自我教育。

（三）重视和发挥先进文化的教育功能

精神产品和社会文化生活对职工群众的思想观念、道德情操有着潜移默化的作用。先进文化承载着思想政治教育的基本内容，体现了思想政治教育的基本要求。图书、报纸杂志、音像制品、文艺演出等，都是实现以优秀的作品鼓舞人的重要方式。要充分发挥工会文化教育阵地的功能作用，弘扬主旋律，提倡多样化，促进优秀精神文化产品的生产，广泛开展丰富多彩、健康有益的职工文化教育活动。

（四）注重运用先进典型影响带动职工群众

改革开放和现代化建设中涌现出来的先进集体和先进人物，体现了时代精神，是职工群众的楷模。要采取多种形式，大力宣传他们的感人事迹

和高尚品质。工会小组长要注意发现和总结推广小组职工的先进典型，使职工学有榜样，赶有目标，在企业形成崇尚先进、学习先进、争当先进的良好风气。

（五）运用互联网等新兴媒体引导网络舆论，增强新形势下职工思想政治工作的针对性、实效性

当前，网络等新兴媒体已逐渐成为职工群众学习、交流、工作的重要工具。要以新兴媒体为重要载体，提高运用新兴媒体能力，加强工会网宣、网评队伍建设，打造一支强大的“网络大军”，牢牢掌握网络舆论阵地的主动权和话语权，积极引导舆论。要利用新兴媒体组织开展网上劳动模范、重大主题宣传活动和网上文化活动，推动工会网络媒体与传统媒体良性互动。要加强对门户网站论坛、博客、微博等网络空间职工思想动态监测，及时研判舆情，引导小组职工正确辨别网络信息，做好反映诉求、解疑释惑、疏导情绪工作。

第二节　工会小组的职工文化建设

随着当前经济形势的发展，从促进经济发展和提高职工素质的要求出发，建设具有各自特点的职工群众文化是工会小组在新形势下更好地发挥宣传教育职能作用不可忽略的重要课题。工会小组加强职工文化建设，是打造特色工会、有为工会、满意工会、品牌工会的基础和保证，是提升工会小组工作人员业务素质、管理水平、工作效率、服务质量的有效途径。积极研究和探索职工文化建设的新思路、新方法，对于实现文化兴企、文化育人、文化强会，培育和造就一支有理想、有道德、有文化、有纪律的“四有”职工队伍，有着极其重要的现实意义和长远意义。所以，各级工会组织和工会小组长要充分提高自己的认识，发挥工会小组自身优势，结合企业工作实际，通过采取建章立制、完善机制、营造氛围、开展丰富多彩的文体活动等多种形式和方法，丰富职工业余文化内容，提升工会小组

工作的整体水平和良好形象，促进企业和谐发展。

一、职工文化建设的重要性

（一）职工文化建设对企业发展的重要性

1. 职工文化是企业发展的助推器

职工文化是企业精神内涵的具体体现，发展职工文化可以丰富职工的业余生活，陶冶情操，提高职工综合素质，美化工作和生活环境，为企业树立良好的公众形象，寓文化理念于制度之中，提高管理效能。

2. 职工文化是文化建设的重要组成部分

职工是人民群众的重要组成部分，职工文化是群众文化的有机组成部分。职工对文化的需求是多层次的，有的喜欢“阳春白雪”，有的喜欢“下里巴人”，还有的雅俗共赏。职工文化贴近职工生活，通过演身边的人和事，寓教于乐，职工会有更切身的感受，对文化建设和提升职工素质有更直接的作用。

3. 职工群众是文化建设共建共享的主力军

职工文化来自职工，服务于职工。职工既是文化建设的参与者，又是观众，渴望有一种浓厚的文化氛围。因此，应积极组织职工文化建设。总之，职工文化建设是一项政治性强、专业性强、涉及面广的系统工程，是全社会的共同责任，需要社会共同参与，工会应该积极联合宣传、文化、广播、文联等职能部门，分工协作，合力推进。

（二）工会小组在职工文化建设中的重要性

工会小组在职工文化建设中责任重大。一是工会小组参与职工文化建设，是由它的性质和地位决定的。工会是工人阶级的群众组织，是党联系职工的桥梁和纽带。群众性是工会的属性和特征。因此，在职工文化建设中，工会小组有着不可替代的作用和优势。工会小组参与职工文化建设，最大限度地组织动员职工，充分发挥职工群众在职工文化建设中的主力军作用，正是落实党的二十大和二十届二中、三中全会精神的具体行动。二是工会小组参与职工文化建设是履行工会职能的具体要求。对职工进行思想政治和科学文化教育是工会的一项重要职能。提高职工素质，推进企业发展，为实现个人梦与中国梦注入更多的新能量和正能量是职工文化建设的重要目标，工会小组开展形式多样的技能劳动竞赛、合理化建议等群众性技术创新活动，正是实现这一目标的有效途径。维护职工合法权益、竭诚服务职工群众既是工会的基本职能，又是营造职工文化氛围，激发职工积极性，传递正能量，增添工会活力的创新举措。

1. 工会小组要创造条件为职工文化建设提供全方位支持

工会小组要支持职工文化活动的开展，积极向行政争取时间、协调资金。没有职工活动场地、文化设施的要抓紧建立起来，已有职工活动场地和设施的，要多组织开展活动，充分利用起来。对职工参加的比赛、表演、活动，要帮助其协调解决时间和费用。

2. 加强工会小组开展职工文化活动的机制建设

要使职工文化活动真正活起来，动起来，机制是保证。为此，必须建立三项制度。一是考核奖惩制度。基层工会小组必须组织开展职工文化活动，并将其开展与否、规模大小、效果如何作为年底考核的重要内容，对职工文化活动开展出色的工会小组，另有加分奖励，年底直接进行物质奖励。二是相互观摩制度。加强各基层工会小组职工文化活动的交流，如果一个工会小组在某方面职工文化活动开展得比较出色，工会要组织相关工会小组去现场观摩，相互学习，共同促进。三是定期活动制度。定期举办职工艺术节，汇集企业有才艺的职工，集中展示职工丰富的才艺和多彩的生活，满足职工对文化活动的渴望和要求。

3. 建立覆盖企业职工的才艺储备库

工会小组应当不断地挖掘新人，补充和完善才艺职工储备库，为进一步提升职工文化活动水平、推动和谐职工文化建设储备大量的优秀人才资源。

（三）职工文化建设应注意把握的几个要素

1. 要建立与企业发展目标相一致的文化

企业工会要打造品牌工会，必须扮演好政策的拥护者和事业的伙伴人，要考虑如何让职工愿意与企业同舟共济，如何让职工提高工作效率，如何让职工认同企业的发展目标，并凝聚职工为之奋斗。这是职工文化建设要解决的问题。因此，工会小组要加强职工文化建设就必须紧紧围绕企业发展目标，积极为企业管理者排忧解难，当好参谋，促进企业持续健康发展。

2. 要帮助职工树立社会主义核心价值观

企业的核心价值观是决定企业素质的重要因素之一，提升企业素质必须从提升企业核心价值观入手，它是企业文化的精髓，是企业得以生存的根本。因此，工会小组在加强职工文化时必须塑造职工的社会主义核心价值观，它是企业的创新源泉，是维系企业生存发展的核心。

3. 要勇于做企业责任的承担者

工会小组的工作目标与企业的发展目标在根本上是一致的，因此工会小组工作的开展离不开班组管理者的支持，工会小组工作必须始终围绕班组任务开展工作，要敢于替管理者承担责任，勇于为管理者排忧解难，保驾护航。

4. 要辩证地看待有为和有位的问题

工会小组能够卓有成效开展工作是企业职工信赖和依靠的前提，工会小组工作者要克服畏难情绪，要有胆识和魄力，以有为的工作成果开创工作新局面。工会工作要做到有为，要在工作内容上贴近职工，始终坚持服务为向导的宗旨不动摇，在服务的广度和深度上做文章，使工会小组工作更好地得到职工的理解和信任，从而在职工的心目中占据较高的位置。

二、职工文化建设的内容要求

职工文化是职工群体文化，是企业文化的重要组成部分，是思想政治工作的重要内容。它以满足职工精神文化需求为目的，是职工共同理想和精神支柱的体现，对塑造单位形象、提高职工素质、激发职工劳动和创造热情、增强单位经济软实力、促进单位和谐稳定具有重要的作用。职工群众既是物质财富的创造者，也是精神财富的创造者，是职工文化建设的主力军。工会小组是职工群众组织，是职工群众利益的代表者和维护者，承担着维护包括精神文化权益在内的职工合法权益的重要职责。推动职工文化建设和发展，离不开广大职工在文化建设中主力军作用的充分发挥，离不开工会小组的积极参与和大力推进。

工会小组加强职工群众文化建设，应该坚持以职工为本的方针，做好以下几个方面的工作。

（一）加强职工思想政治工作，坚定职工理想信念

工会小组应采取各种形式，组织广大职工学习习近平新时代中国特色社会主义思想和党的二十大和二十届二中、三中全会精神，用理论武装全体职工的头脑，坚持用"先进文化的前进方向"指导职工群众文化建设。教育培养职工坚定社会主义信念，正确处理好国家、企业、职工个人三者的关系，在维护国家、企业利益的同时，维护职工的合法权益不受侵害。引导职工发扬工人阶级团结友爱，顾全大局，艰苦创业，勇于奉献，爱岗敬业，遵纪守法的优良传统。强化企业意识，喊响企业口号，凝聚企业精神。

（二）引导职工开展创建学习型组织，争当知识型职工活动

当今世界，科学技术日新月异，现代企业的发展对职工素质提出了新的要求，因此，要充分发挥教育培训中心的作用，分期分批分专业轮训，开设讲座；要开展岗位练兵，技能比赛，同时鼓励职工岗位成才，自学成才，使之成为知识型职工，为企业的发展增添后劲。要在企业内部形成人人学习、时时学习的良好氛围，要花大力气建设学习型班组，形成富有特色的学习型团队，探索建设学习型组织争当知识型职工的新途径新方法，在着力推进职工队伍的知识化进程中发挥好作用。

（三）注重职业道德教育，提高职工道德素养

切实注重在职工中开展以职业素质、职业道德、职工技能、职业纪律为主要内容的教育，努力培养一支高素质的"四有"职工队伍，充分发挥职工在企业文化建设中的主力军作用。教育职工在社会做个好公民，在单位做个好职工，在家庭做个好成员，大力弘扬正气，打击歪风，使职工自

觉遵守社会公德、职业道德，形成良好的行业风尚。

（四）加大投入建设职工文化活动阵地

既然职工文化建设的重要性和必要性已经明确，那么企业的党政领导和工会组织就要想方设法推进企业文化阵地建设。工会小组可以开辟职工书屋、企业宣传园地等多种形式的职工群众文化载体，把建立职工书屋作为建设工会小组职工文化活动阵地的重要举措来抓。

（五）开展丰富多彩、健康向上的文体活动

职工群众文化，包含了多种形式的文化体育活动和精神文明创建活动。工会小组应根据企业实际情况，开展形式多样的职工文化体育娱乐活动，举行职工文体活动、参加企业职工运动会，围绕企业经济发展参加企业征文演讲比赛和知识竞赛，从而满足小组职工精神文化需求，活跃职工文化生活，振奋企业精神。

总之，加强职工群众文化建设是一个系统工程，是完善现代企业制度、促进社会和谐稳定、建设和谐劳动关系的迫切需要。工会小组长应引导职工认真学习贯彻习近平新时代中国特色社会主义思想和党的二十大和二十届二中、三中全会精神，从实际出发，突出实效，以人为本，正确树立职工群众文化建设的主导思想，不断完善职工群众文化建设内容，正确处理建设职工群众文化与经济建设的关系，正确处理建设职工群众文化与培养知识型职工队伍的关系，正确处理建设职工群众文化与加强职工思想政治工作的关系，做到相互补充、互为促进，使职工群众文化建设在新形势下更好地发挥工会宣传教育职能作用。

三、工会小组建设职工文化的途径

（一）开展“创争”活动，建设学习型职工文化

近几年来，各级工会小组开展的“创建学习型组织，争当知识型职工”活动，已得到广大职工的认可和参与。在职工中倡导终身学习的理念，加强职工的教育培训和学习，不仅是工会小组的职能所在，也是每一个职工适应企业发展的必然要求。在当今知识经济的时代，学习是企业发

展的源泉，创建学习型企业是增强企业竞争力的根本途径，而职工作为企业的主体，其整体素质的高低决定了企业文化的内蕴，卓越的企业文化必须依靠一支具有卓越品质的职工队伍。因此，工会小组要发挥其得天独厚的优势和特有的教育职能，着力营造全员学习、全程学习、团队学习，工作学习化、学习工作化的氛围和机制，营造尊重劳动、尊重知识、尊重人才、尊重创造的良好环境，为职工创造更多的学习机会和成才机会，全面提高职工的学习能力、实践能力和创新能力。要通过企业培养、岗位培训、个人自学等方式，加强高技能人才的培养。要大力开展技术创新、岗位练兵、技术比武、技能竞赛等活动，加强职工技能训练，激发和调动小组职工获取知识、更新知识、提高技能的积极性、主动性和创造性，使小组职工在实践中提高劳动技能、岗位技能，激励职工岗位成才、自学成才。

（二）开展技术创新活动，建设效益型职工文化

创新是企业兴旺发达的不竭动力。要吸引小组职工为企业的发展建功立业，积极投入各种形式的劳动竞赛活动中，投入合理化建议活动中，投入技术革新、发明创造的经济技术创新活动中。工会小组要针对企业安全生产中的重点、难点问题，组织小组职工广泛开展技术攻关活动，开展“重点岗位作贡献，人人争当创新能手”活动，动员广大职工立足本职、学赶先进、争创一流、创业兴企，提高企业经济效益，推动企业健康持续发展。

（三）开展文化活动，建设文体型职工文化

职工文体活动是工会文化建设的重要载体。文体活动的开展，不仅是为了职工的休息和娱乐，还为了培养职工的文化兴趣，提高职工的文化素质，提升职工的文化品位，激发和培养职工对先进文化的追求。在加强职工文化建设中，工会小组要发挥自身优势，大力开展各类文艺演出、知识竞赛和演讲比赛等提高职工的求美、求知欲望，开展各种体育竞赛活动，增强职工的体质，从而使职工的集体主义精神、参与意识和荣誉感等这些体现企业精神的观念和意识得到进一步增强。文体活动对职工不但是一种文化教育手段，同时也是一种思想教育手段，它以职工的自主参与为出发

点，通过自我教育形式，使职工教育变被动为主动，克服了思想政治工作单一说教式的弱点。职工文化活动要紧密结合企业的中心任务进行，为企业的安全生产服务。要大力加强文化设施建设，为职工的参与打造更多更好的舞台。要不断发展壮大文体活动积极分子队伍，开展丰富多彩的文体活动，吸引更多的职工参与进来，充分发挥职工在文体活动中的主体作用，让小组职工在活动中张扬个性，认识自己，展示自己，实现自身价值。

（四）落实依靠方针，建设维权型职工文化

职工的心，企业的根。维护职工合法权益、竭诚服务职工群众是工会文化建设的根本和前提，是工会小组安身立命之本。要维护职工的参政议政权益。参政议政既是职工的权利，也是职工参与企业管理的重要手段。维护职工的合法权益就是维护企业的根本利益，把二者有机统一起来，是工会小组工作者应把握的工作策略。因此，工会小组要认真履行维权职责，积极参与民主管理制度建设，提升职工代表素质。要深化班务公开工作，完善班务公开质量体系，深化公开内容，扩大覆盖面，使民主监督工作落到实处。要竭诚服务职工群众，大力开展“送温暖”工程，建立特困职工预警机制，千方百计为职工办实事，办好事，把党的关怀、企业的温暖送到职工的心坎上，增强企业的凝聚力和向心力。

第三节　大力弘扬劳模精神、劳动精神、工匠精神

2020 年 11 月 24 日，习近平总书记在全国劳动模范和先进工作者表彰大会上发表重要讲话，号召工人阶级和广大劳动群众大力弘扬劳模精神、劳动精神、工匠精神，在开启全面建设社会主义现代化国家的新征程上创造新的时代辉煌、铸就新的历史伟业。习近平总书记的重要讲话极大鼓舞了工人阶级和广大劳动群众的信心决心，是对劳动模范的最高褒奖，赋予了劳模精神、劳动精神、工匠精神新的历史使命。劳模精神、劳动精神、

工匠精神一直以来受到社会各界的广泛关注。中共中央、国务院联合印发的《新时期产业工人队伍建设改革方案》强调，大力弘扬劳模精神、劳动精神、工匠精神，引导产业工人爱岗敬业、甘于奉献，培育健康文明、昂扬向上的职工文化。

工会小组应该以习近平总书记关于劳模精神、劳动精神、工匠精神的系列重要讲话作为重要遵循，以党和国家的重要政策文件精神为指导，深刻领会科学内涵及其相互关系，通过大力弘扬劳模精神、劳动精神、工匠精神，建设知识型、技能型、创新型劳动者大军，从而推动实现中华民族伟大复兴和全面建成社会主义现代化强国。

一、把握劳模精神、劳动精神、工匠精神的深刻内涵

（一）“三种精神”的科学内涵

第一，劳模精神的内涵是“爱岗敬业、争创一流、艰苦奋斗、勇于创新、淡泊名利、甘于奉献”。习近平总书记关于劳模精神的表述，为我们科学理解和大力弘扬劳模精神提供了正确的方向和指导。这需要我们一方面正确理解这一表述中六个词汇的各自含义，又要从整体上把握劳模精神的科学内涵。其中，“爱岗敬业、争创一流”是劳模精神的本质特征，体现了劳模对国家、社会、职业的高度责任感、使命感和舍我其谁的主人翁精神。“艰苦奋斗、勇于创新”是劳模精神的品质，劳动模范是辛勤劳动、诚实劳动、创造性劳动的积极实践者，踏踏实实、奋发图强、勇于挑战、敢为人先，在实现中华民族伟大复兴的历史征程中埋头苦干、求真务实、创新创造。“淡泊名利、甘于奉献”则是劳模精神的价值追求，彰显了劳模先进心甘情愿、默默坚守、身心投入，不求声名和个人私利。

总体上看，这一表述一方面道出了劳模之所以能在广大劳动者群体中脱颖的根本原因，另一方面也为广大劳动者群体提出了奋斗的目标和方向。六个词汇中，爱岗敬业是本分，争创一流是追求，艰苦奋斗是作风，勇于创新是使命，淡泊名利是境界，甘于奉献是修为。做一个守本分、有追求、讲作风、担使命、有境界、有修为的人，是每一位劳模的精神风

范，更是每一位劳动者应该追求的目标。

第二，劳动精神的内涵是“崇尚劳动、热爱劳动、辛勤劳动、诚实劳动”。其中，“崇尚劳动”是树立正确的劳动价值观，充分认识到“劳动最光荣、劳动最伟大、劳动最崇高、劳动最美丽”。“热爱劳动”是培养正确的劳动态度，促进劳动者自觉劳动、积极劳动、主动劳动。“辛勤劳动”是对劳动过程及其强度的充分肯定，表明要充分遵循劳动的客观规律以及要达到的劳动强度，体力劳动要付出辛劳和汗水，脑力劳动也要付出智慧和心血。“诚实劳动”是对劳动者品德的客观规定，表明劳动要踏踏实实、求真务实、真抓实干、实事求是。劳动精神是每一位劳动者为创造美好生活而在劳动过程秉持的劳动态度、劳动理念及其展现出的劳动精神风貌。

劳动创造了中华民族，造就了中华民族的辉煌历史，也必将创造出中华民族的光明未来。习近平总书记关于劳动和劳动精神的重要论述为我们正确认识劳动精神的科学内涵指明了方向。全社会都要贯彻尊重劳动、尊重知识、尊重人才、尊重创造的重大方针，维护和发展劳动者的利益，保障劳动者的权利。要坚持社会公平正义，排除阻碍劳动者参与发展、分享发展成果的障碍，努力让劳动者实现体面劳动、全面发展。全社会都要热爱劳动，以辛勤劳动为荣，以好逸恶劳为耻。

第三，工匠精神的内涵是“执着专注、精益求精、一丝不苟、追求卓越”。其中，“执着专注”是精神状态，是时间上的坚持、精神上的聚焦；“精益求精”是品质追求，是质量上的完美、技术上的极致；“一丝不苟”是自我要求，是细节上的坚守、态度上的严谨；“追求卓越”是理想信念，是理想上的远大、信念上的高远。工匠精神既体现了敬业之美的精神原色，又表现了创造之美的品质追求，更展现了追求之美的价值升华。

工匠精神是每一位不甘于平庸的劳动者在平凡的工作中不断对自己提出更高的要求，并不断自我超越、自我提升、自我完善，始终追求做更好的自己时所表现出的工作态度、工作境界、工作习惯以及整体工作精神面貌。笔者认为工匠精神可以概括为：坚守执着、精益求精、专业专注、追求极致、一丝不苟、自律自省。从工匠精神的角度看，坚守执着是一个人的本分，精益求精是一个人的追求，专业专注是一个人的作风，追求极致是一个人的使命，一丝不苟是一个人的境界，自律自省是一个人的修为。

（二）全面把握劳模精神、劳动精神、工匠精神的内在关系

劳模精神和劳动精神的关系是部分和整体的关系。从主体上看，劳模精神的主体是劳模群体，劳动精神的主体是所有劳动者，而劳模群体是广大劳动者群体中的佼佼者和杰出代表，也是广大劳动者学习的榜样和楷模。劳模的本意也就是劳动者的模范。劳模群体是劳动者群体中的一部分。从这个意义上讲，劳模精神也是劳动精神的一部分。劳动精神是做一名合格的劳动者应该有的精神，劳模精神则是成为劳模必须有的精神。没有劳动精神，也很难有劳模精神。所以，劳动精神应该成为所有劳动者都必须拥有的精神。劳模精神也是所有劳动者都应该学习的精神。二者也是方向和基础的关系，劳模精神是方向，劳动精神是基础。

劳模精神和工匠精神的关系是外力和内力的关系。劳模精神是所有劳动者都应该学习的精神，是影响和引领每一位劳动者从平凡走向不平凡的外力。劳模精神从外部影响每一位劳动者学先进、做先进。工匠精神则是每一位劳动者都应该具有的精神，是激发和激励每一位劳动者不断自我挑战和自我超越的内力。工匠精神从内部唤醒每一位劳动者不断成为最好的自觉。劳模精神是超越别人的精神，因为他们就是超越了很多劳动者才脱颖而出的。工匠精神是超越自己的精神，世上最大的对手不是别人，而是自己。工匠精神是让劳动者成为自己的“劳模”，劳模精神是让劳动者成为别人的“模范”。工匠精神点亮了自己的生命，劳模精神则照亮了别人的生命。

劳动精神和工匠精神是共性和个性的关系。劳动精神是所有劳动者的共性，每一位劳动者都应该有劳动精神。工匠精神则揭示了不甘于平庸的劳动者的个性，是成就优秀劳动者的必要条件。这里所说的劳动者的个性主要是指劳动者在自我超越过程中彰显出的个人优势及其精神状态，也就是工匠精神。换句话讲，没有工匠精神的劳动者很难有出色的成就和骄人的业绩。精益求精、追求极致是践行工匠精神的核心，也是成就杰出劳动者的根源。当然，如果工匠精神成就的劳动者不仅大大超越了过去的自己，也大大超越了别人，在企业、行业、全国乃至全世界都成为最优秀的

劳动者；那么，他就会成为别人学习的榜样和楷模，最终就会成为劳模，劳模精神也随之产生。

按照马克思主义的基本观点，劳动创造了人本身。劳动精神是成为人的精神，工匠精神是成为更加优秀的人的精神，劳模精神则是成为影响别人的人的精神。成为人、成为更加优秀的人、成为影响别人的人，这是一种逐步递进的关系。党和国家现在大力呼吁弘扬劳动精神、工匠精神、劳模精神，目的就在于让每一个人都热爱劳动，成为自食其力的劳动者，更要成为优秀的劳动者，甚至成为广大劳动者群体中的佼佼者和大家学习的榜样。

二、以劳模精神、劳动精神、工匠精神引领教育职工

广大职工既是物质财富的创造者，也是劳模精神、劳动精神、工匠精神的重要践行者、引领者、传承者。在广大职工中大力弘扬劳模精神、劳动精神、工匠精神，能够进一步凝聚力量，团结动员广大产业工人为全面建成社会主义现代化强国、实现第二个百年奋斗目标而不懈努力。

工会小组作为职工小家，要动员好、宣传好、发挥好劳模工匠力量，让劳模工匠在政治上有荣誉、技术上有引领、创新上有平台、发展上受重用、经济上得实惠，成为推动国家高质量发展、助推社会进步的一股重要精神力量。

1. 大力发扬劳模精神。以劳模工匠精神为引领，着重加强劳模先进培养选树工作，在全社会掀起学先进、争先进热潮，引导全区职工从先进典型身上汲取精神营养，在全社会形成通过勤奋劳动、创新劳动、创造财富的价值观，营造爱岗敬业、乐于奉献、尊重劳动者的社会氛围。

2. 着力强化服务意识。要广泛宣传劳动模范的先进事迹，以精神火炬点亮理想，用模范行为引领社会，用高尚品德感召人心，唱响“工人伟大，劳动光荣”的时代主旋律。要为劳模施展才华、干事创业提供更好的条件，通过“劳模工作室”“名师带高徒”等工作平台，充分发挥劳模的排头兵与冲锋队作用，带动更多职工争做高质量发展、实现赶超目标的奋斗者。要进一步创新劳模服务方式，立足真心关爱劳模、真诚服务劳模，

建立健全劳模联系、学习培训、参政议政、生活保障、诉求表达、考核激励等工作制度，争取更多资源和手段，推动制定更好的政策和措施，改善劳模生活，落实劳模待遇，切实形成劳模服务工作长效机制，使工会小组真正成为劳模的“小家”和“港湾”。

3. 致力引领建功立业。发挥劳模精神、劳动精神、工匠精神，组织引导广大职工勤奋做事、勤勉为人、勤劳致富，以实际行动争做新时代的奋斗者。要为广大职工群众搭建更加广阔的舞台，着眼建设社会主义现代化区域中心城市的奋斗目标，广泛开展重点产业、重大工程、重大项目劳动和技能竞赛，组织职工积极参与“五小”创新活动，促使职工进一步焕发劳动热情，释放创造能量，充分发挥主力军作用。要把劳模工匠示范引领工作与高技能人才培育工作有效衔接起来，深入实施职工素质建设工程，带领职工更好地学习新知识、掌握新技术、增长新本领，在振兴实体经济、建设现代化经济体系中努力打造一支知识型、技能型、创新型职工队伍。

4. 不断增强职工联系。工会小组长自身要带头学习劳模精神，把劳模精神贯穿到实际工作中去。要始终坚持以人民为中心的发展思想，把职工的利益放在最高位置，坚持面向基层、眼睛向下，以基层是否得实惠、职工是否有获得感为标准，把竭诚服务职工群众作为工作的出发点和落脚点，着力解决好职工最困难最忧虑最操心的实际问题，切实实现好、维护好、发展好职工群众的利益与需求。要强化责任担当，坚持向党负责，勇于为民担责，深化工会自身改革，强化工会责任体系，使每一位工会干部包括工会小组长都能将劳模精神外化于行内化于心，做到忠于职守认真履职、心系职工竭力服务、勇于负责创先争优，把自己锻造成用习近平新时代中国特色社会主义思想武装起来的忠诚战士和职工群众可以依靠可以信赖的“娘家人”“贴心人”。

【案例】

××企业职工文化活动的组织实施（范本）

工会小组必须突出以强身健体为主旨的文体型职工文化，着力构建好人才舞台。职工文化人才是推动职工文化建设的中坚力量。要牢固树立人才第一的思想，重点培养造就一批工会系统掌握先进思想和知识、具有一定影响力、德艺双馨的高素质文化人才，为他们脱颖而出搭建广阔舞台，逐步把他们培养成为职工文化创作、文艺演出、文艺宣传、体育活动“四支队伍”建设的领军人物，形成专兼结合的多层次职工文化建设人才队伍。

一、转变思维方式，探索适合企业实际的职工文体活动

说起成立职工文化兴趣小组，得益于两年前我们工会搞的一次如何提高职工积极性职工思想状况的调查，调查发现有相当一部分职工感到在这个企业上班比较满意，工资有保障，可就是下班没啥干的，要是企业组织点什么活动就好了，就能把工作的疲劳释放出去。由此引出了一个新课题——如何把企业营造和创建成职工的和谐家园，如何让职工不仅手里有钱，还要让职工有文化、有思想、有愉快的心情、有健康的身心、有自身价值的体现、有文化活动的场所、有展示才艺的机会和平台，使职工在各自的工作岗位上快乐工作，上班有奔头，下班有盼头，从而增强凝聚力，激活生产力，提升竞争力。然而，工会人员少且身兼多职，仅靠工会组织，职工文化活动很难开展起来，必须探索一条切合实际的途径解决这个难题。经过广泛征求意见，找到了比较切合实际的载体——成立职工文化活动组织。工会小组长把在企业中开展职工文化活动的建议向公司党政领导作了汇报，得到了党政领导的高度重视和全力支持，于是便根据职工不同的爱好成立了演讲兴趣小组、登山兴趣小组、游泳兴趣小组、钓鱼兴趣小组、乒乓球兴趣小组、篮球兴趣小组等。经过几年实践，我们通过抓职工文化活动，让职工在参与中感到欢乐、提神，感到自己是一个幸福的劳动者，感到企业是自己的家，感到在这样的企业里干有奔头，有效激发了职工的积极性和创造性，对于提高劳动生产率，催生科研成果，促进企业发展、人际关系和谐产生了巨大的推动力。也使企业在凝聚人心、鼓舞士气、激发活力上找到了新的支点，有力地推动了企业的健康持续发展。

二、依托职工文化兴趣小组，组织策划职工喜欢的文体活动

职工对企业组织的文化活动都非常看重，也愿意参加。为把活动切实搞好，满足职工们的精神文化需求，我们积极发动各兴趣小组出良策、想办法，积极构思适合的文化活动。每年正月十五来临前，文学爱好者兴趣小组就组织成员开始自制谜语，把职工们的名字制成谜底，为“元宵”猜谜做好了准备。几年来，文学兴趣爱好小组自制谜语三百余条，不仅有职工们的名字，还把涉及企业管理、技术、安全、认证等方面知识编成谜语供职工们猜，使职工们不仅尝到了乐趣，还增长了知识。

文体活动小组也在筹备职工联欢会时不断花样翻新，积极策划企业的文娱联欢活动。利用职工食堂布置了联欢会场。彩灯、鲜花辉映使职工们心情舒畅。董事长和高层管理人员一起击鼓传花、答题摸奖、安鼻子、猜谜语，深受职工的欢迎。

每逢中秋节，厂工会都组织职工开办晚会，买来水果、点心，厂领导和宿舍职工一起赏月。工厂还专门购置了音响，使紧张工作的职工在娱乐活动中得到放松。职工要求把一些体育活动趣味化、知识化，如手持羽毛球拍托着乒乓球、脚蹬着铁桶绕障碍等，可谓精彩纷呈。外出旅游时登山小组就先行出发，布置“宝贝”供职工们寻找，使旅游活动更富有情趣。

三、建立文化活动阵地，为开展职工文体活动提供支持

职工文化依靠职工，不等于工会彻底放手不管，而是在充分依靠职工文体骨干发挥他们智囊团和参谋部作用的基础上，公司经营者和工会也十分重视职工文化活动阵地的建设。为乒乓球室购置了两张乒乓球台，为棋类爱好者提供了棋桌，为篮球爱好者修建了篮球场，同时还购置了羽毛球、排球、足球等体育器材，为职工书屋添置了书柜书架、阅报桌，购置了各类图书、光碟，为职工学校购买了投影仪、音响。这些文化活动场所的建立不仅为职工们开展文体活动提供了方便，也为各兴趣小组开展活动提供了场所。

总之，工会小组依靠职工开展的职工文化建设，不仅增强了企业的凝聚力，而且开发了工会活力源泉，更丰富了职工们的业余文化生活，是一项有益于企业，有益于职工的大好事。

第五章

工会小组的民主管理工作

工会小组的民主管理主要是班组民主管理。班组民主管理，是班组全体职工按法律规定，通过一定的组织形式，对班组权限范围内的事务，行使民主管理权力的活动。班组民主管理作为班组管理的一项重要内容，对企业的发展起到助推作用，是职工最直接、最广泛、最经常的民主管理活动，是企业民主管理的基础，具有十分重要的地位和作用。

第一节　工会小组民主管理的概念和意义

一、工会小组民主管理

工会小组民主管理，即职工直接参加管理，是在班组管理中充分发挥民主，集中职工智慧，实行政治民主、生产技术民主、经济民主、生活民主，充分发挥职工积极性和主动性，对班组中人、财、物充分有效管理，保证职工行使当家作主民主权利的一种班组管理方式。

（一）民主管理是职工共同的意愿

民主管理有广义和狭义两个方面的含义。从广义上说，就是劳动人民直接和间接管理国家，管理政治、经济和文化事业，管理社会事务。从狭义上，对班组来说，就是在班组内营造民主参与环境、途径，职工能对班组的政治、生产技术、经济、生活等发表自己的意见和建议，使职工实际感受到班组管理不仅是班组长的事，而且是职工应尽的义务，并以管理者的身份，从事班组管理和生产工作。

（二）民主管理使班组管理更有成效

班组管理具有行政管理和群众管理的双重性质，它既是企业行政组织最基层的细胞，同时又是企业群众组织最基本的单元。班组管理有主体和客体之分，管理主体就是管理者，管理客体就是管理对象。管理对象不仅包括人（劳动者），而且包括物（工具、原材料、产品等），还包括财（货币资金），所以，管理又分为对人的管理、对物的管理、对财的管理。财是物的价值表现，物又是由人掌握为人使用的。管理虽然包括对物和财的管理，但对财、物的管理又是通过人的管理来实现的。因此，班组民主管理使职工具有管理主体和管理客体的双重性质，这种双重性质在班组民主管理中得到充分体现，从而激发职工以主人翁的责任感重视对班组人、财、物的管理，使班组整个管理富有成效。

（三）民主管理使职工民主权利得到保障

班组是各种管理形式和内容的接合部。班组民主管理鲜明地区别于其他管理的标志，就是通过民主管理这种形式，保障职工民主权利在班组得到正确行使，这也是班组民主管理的实质内容。

二、工会小组民主管理的重要意义

（一）坚持职工民主管理制度是由党和国家的性质决定的，是坚持走中国特色社会主义工会发展道路的重要体现

我们党是工人阶级先锋队，我们国家是工人阶级领导的、以工农联盟为基础的人民民主专政的社会主义国家，让工人阶级和广大人民群众充分享有管理国家政治、经济、文化、社会事务、生态文明的权利，是中国共产党代表工人阶级和广大人民群众根本利益的具体体现，也是社会主义制度的本质属性和根本要求。当前，坚持和全面推行以职工代表大会为基本形式的职工民主管理制度，是坚持走中国特色社会主义工会发展道路的重要实践。企业要以职工为本，把维护、发展职工权益与推动企业发展有机地结合起来、统一起来，不断地满足职工包括经济利益、民主权利在内的多方面的需求，促进职工的全面发展。以职工代表大会为基本形式的民主管理制度，既是维护职工合法权益的重要机制，又是职工民主权利的实现载体和实现形式，充分体现了社会主义国家人民当家作主的政治地位，和一切为了人民、一切依靠人民、改革发展成果让广大人民共享。

（二）坚持职工民主管理制度是维护职工合法权益、促进社会和谐稳定的迫切需要

劳动关系是社会经济和政治关系中最普遍、最基础的关系，和谐的劳动关系是促进社会和谐稳定的重要基石和重要体现。在市场经济条件下，企业中资本相对于劳动、管理者相对于职工处于强势地位，决定了必须在企业的制度设计和组织结构安排中建立企业内部制衡机制，强化职工民主监督，以协调企业劳动关系，维护职工的合法权益，促进企业的持续

健康发展。企业长期推行职工代表大会的实践表明，这一制度是能在这些方面充分发挥作用的。过去以至现在，少数企业在经营管理中之所以出现独断专行、决策失误，造成国有、集体资产流失和职工权益受侵犯的现象，往往是企业缺乏民主监督或监督流于形式，没有充分发挥作用所致。当前我国正处在经济体制改革、企业体制改革的关键期，迫切需要在企业中加强职工代表大会制度建设，发挥职工代表大会的作用，尽可能地把各种劳动关系纠纷处理在基层，消除于萌芽状态，以促进劳动关系的和谐稳定。

（三）坚持职工民主管理制度是全过程人民民主的重要内容

人民民主是社会主义的生命，是全面建设社会主义现代化国家的应有之义。全过程人民民主是社会主义民主政治的本质属性，是最广泛、最真实、最管用的民主。工会作为党联系职工群众的桥梁和纽带，要在推进中国式现代化进程中注重贯彻落实全过程人民民主，充分体现职工群众意志，保障职工合法权益，激发广大职工的创造活力，助推中国特色社会主义民主政治创新发展。各级工会要积极实践和发展民主管理制度，拓宽基层民主渠道，丰富民主形式，保障职工当家作主，推动以人民为中心的全链条、全方位、全覆盖的全过程人民民主落实到位。始终坚持以职工为中心，尊重职工的主人翁地位，保证职工的意愿和诉求得到充分表达，使职工享有知情权、参与权、表达权和监督权，激发广大职工群众当家作主的责任感和使命感，极大地调动起职工群众工作的积极性、主动性与创造性，在促进企业健康发展的同时，职工也能共享到发展进步成果。

（四）坚持职工民主管理制度适应了国际企业管理的方向，是企业管理的客观规律

现代企业管理理论是在西方市场经济发达国家孕育产生和发展起来的，让职工参与企业管理，一直贯穿于企业管理理论各阶段各学派的主流观点之中。一般企业管理理论认为，资方和工人的紧密、亲切和个人之间的合作，是现代科学或责任管理的精髓。第二次世界大战后，西方许多市场经济国家都通过立法，在企业中推行建立工厂委员会和在企业

董事会、监事会中拥有职工代表等职工民主参与制度，形成了多种职工民主参与形式。由此可见，市场经济并不排斥民主管理，二者是可以融合的。

在发展社会主义市场经济的今天，以职工代表大会为基本形式的职工民主管理制度不仅没有过时，而且有更大的发展，这是企业管理的客观规律，是时代发展的必然，更是由社会主义根本制度决定的。尽管这一制度在具体实践中碰到许多问题，如职工代表大会条例的规定和适用范围等，需要修改调整；许多企业改制为公司制企业后，企业治理结构中“新三会”（股东大会、董事会、监事会）和“老三会”（党委会、工会、职代会）之间的关系也未完全理顺，需要在总结经验的基础上进一步厘清、明确和以法律的形式予以界定等，但是坚持和发展职工代表大会制度的原则和方向是毋庸置疑的、不可动摇的。必须从长远和战略全局的高度充分认识施行这一制度的重要意义，在实际工作中积极帮助、支持在各类企业中建立健全职工代表大会制度，在推动落实工人阶级当家作主民主权利，促进企业持续健康发展，保持社会和谐稳定中充分发挥职工民主管理、职工代表大会制度的重要作用。

企业民主管理制度要求班组实行民主管理。企业实行民主管理是由社会主义政治制度决定的，也是社会主义企业的重要特征。社会主义制度决定了职工是企业的主人，要在管理企业中发挥作用。同时，现代化企业必须高度集中，统一指挥，而高度集中又必须建立在广泛民主的基础上。

班组是企业的基础，班组民主管理也是企业民主管理的基础。企业要完善民主管理，就必须健全厂级、车间直至班组的民主管理，班组民主管理的建立又为企业民主管理提供了条件，而企业民主管理的完善又是班组民主管理的保证。

第二节 工会小组民主管理的内容与形式

一、工会小组民主管理的内容

班组要实行班组长责任制同班组民主管理相结合的制度，把班组的行政管理同民主管理、专业管理、群众管理紧密结合起来，发挥每个职工当家作主、民主管理的作用。

（一）政治民主

1. 班组要贯彻企业、车间职工代表大会的决议、决定并进行提案处理，班组成员要定期听取班组长和工会小组长对企业生产、工作计划、政治学习计划的打算等，进行讨论并提出意见和建议。

2. 民主选举班组长、工会小组长和班组工管员。

3. 民主评比、推荐班组先进生产（工作）者、先进标兵，向领导推荐生产管理人才。

4. 民主评议企业各级领导干部。

（二）经济民主

1. 讨论审议和优化班组作业计划、承包方案、班组贯彻本企业规章制度实施细则、职工的岗位责任制、奖金分配方案。

2. 研究各个时期生产管理工作中的突出问题、车间行政领导提出的改进工作的意见和建议。

3. 发挥主人翁责任感，对班组工作给予支持和有效监督。

（三）技术民主

1. 组织本班组职工积极投入合理化建议、技术革新、劳动和技能竞赛等活动。

2. 参与企业和车间技术方案、管理、安全等措施的制定和修订工作。

（四）生活民主

1. 积极帮助职工维护其切身利益。

2. 班组开展劳动互助、经济互济，发扬团结友爱精神，帮助职工解决一些生活中的后顾之忧，逐步形成班组团结、和睦、宽松、良好的氛围。

班组民主管理中，班组长、工会组长、工管员要协调配合，各负其责开展工作，做好班组民主管理的活动记录，经常听取群众的意见和要求，激发班组每个成员参与管理的热情，推动班组各项生产工作任务的完成。

二、工会小组民主管理的形式

工会小组民主管理是企业民主管理的基础。企业实行民主管理主要通过企业的职工代表大会，这是企业职工群众审议企业重大决策，监督行政领导和维护职工合法权益的机构。职工代表大会一般以企业为单位召开，也可以车间和企业两级分别召开。班组内凡享有公民权的职工均可当选代表。班组每个人都有权对本企业生产经营活动和各项工作提出批评和建议。职工提出的各种批评建议，由职工代表或工会组长集中起来，报车间或企业职工代表大会常设工作机构。职工代表大会的决议，由职工代表传达。本班组没有代表的由车间组织代表团（组）传达。

工会小组民主管理的主要形式是班组民主会、民主生活会、班务公开和班组职工轮流上岗制等，其基本组织形式是班组民主会。

（一）班组民主会

班组民主会（或称班组民主管理会），即班组全体职工会议。这是职工在班组行使民主管理权利的组织形式。定期召开民主管理会是搞好班组管理，互通情况，掌握全局，统筹安排班组工作的好办法。也是集思广益，发挥班组全体人员智慧和才干，共同搞好班组工作的“诸葛亮”会。

班组民主会一般应由工会组长主持，有职工代表的也可委托职工代表主持。班组民主会一般按月召开，遇有重要问题或特殊工作可延时，也可临时召开。班组民主会的内容应由班组核心（或称班组骨干）事先研究商定，并做好会议的准备工作。对照要讨论的问题，班组民主会的主持人事先要落实专人拿出供大家讨论的意见。会议中要注意吸收大家的意见，会议结束时要形成一致的意见，对一时决定不了的问题可以留待下次会议或向上级有关部门反映。班组民主会的内容不宜太多，时间也不要太长，以免影响职工参加会议的情绪，根据目前班组的现状，班组民主会的时间一般控制在一小时左右较为适宜。

班组民主会要做好会议记录，对大家合理的建议和意见，属于本班组的，要纳入工作计划，及时整改。属于上级各部门的，要及时反映给职代会的常设机构，由职工代表大会传达、督促、落实解决措施。

通过班组民主会使班组管理实行四个转型：传统经验型转向民主科学型；单干型（班组长一人作主）转向群众型（班组人人当家）；单一型（生活民主）转向多样型（生产、经济、技术、生活民主）；被动型（事后监督）转向主动型（事先发动职工审议），使民主管理落到实处。

（二）班组民主生活会

班组民主生活会是班组全体成员以会议的形式，从团结的愿望出发，开展批评与自我批评，达到新的团结和自我教育的民主生活方式。班组民主生活会一般由班组长主持，围绕班组职工思想、工作、生产、管理、生活的实际问题开展批评与自我批评，以达到消除隔阂、相互帮助、促进团结、共同提高的目的。班组民主生活会一般每季度召开一次较为适宜，遇到特殊问题或职工间的矛盾也可以及时召开。

（三）班务公开

班务公开，是班组民主管理的一种重要形式和途径，是职工代表大会制度的延伸和发展，是扩大基层民主，让职工享有知情权、参与权，加强民主管理、民主监督，调动职工工作积极性和主动性，推进企业改革、发展、稳定的一项有效举措。班务公开要认真落实全心全意依靠工人的方针，做到真实、公正、及时、全面。班务公开工作需要一个良好的发展土壤，需要基层单位有公正、公平、公开透明的民主管理氛围，需要基层单位的领导和引导、不懈的检查指导，需要职工的积极参与、敢于说真话和有效的监督。

公开内容主要如下。(1) 绩效工资考核、奖金分配方案。(2) 班费管理、使用、收支情况。(3) 考勤、休假、出勤率情况。(4) 评优评先条件、程序和结果。(5) 工作安排、人员调整分配。(6) 各项规章制度的制定、公布、实施。(7) 班组奖惩办法及考核。(8) 班组工作计划和总结。(9) 对上级、班组的合理化建议和意见。(10) 其他公开内容。

公开形式主要如下。(1) 班务会议。(2) 民主管理会。(3) 其他形式。

企业工会负责班务公开工作的检查和指导，督促有关问题的解决和整改。实行班务公开以来，一批企业通过实行厂务公开、车间事务公开、班务公开，加强了企业的管理和改革，完善了职工代表大会制度，促进了基层民主政治建设，提高了企业的经济效益。然而，在实践中，我们有些企业在抓厂务公开的工作中，往往忽视抓班务公开，或者无暇顾及班务公开。有的企业对班务公开活动口头上讲得多，检查指导少，创新思路少，使班务公开成了“雾里看花”。有的企业里，少数班组长缺乏民主管理意识，对班务公开制度不执行，凡事就爱自己说了算，民主管理流于形式，工会小组长形同虚设。还有的企业里，班组台账“假、大、空”，只顾应付上级检查，不管职工议论。这些问题的存在，导致班组无生机，职工无士气，工作无起色。

在新形势下，班务公开要从以下几方面入手。

1. 转变思想观念，增强民主意识

首先，企业要提高对班务公开工作的思想认识，任何时候都要把民主管理放在重要的位置上来抓，要通过多种形式广泛宣传班务公开、加强民主管理等方面的知识，充分认识公开对促进企业发展的巨大推动作用。其次，要加强对班长民主管理方面的知识培训，选好配强班长和工会小组长。同时，上级党委、工会等组织要加强检查指导，把班组每月班务公开的执行情况作为一项硬性指标来规定，定期查阅台账，对存在的问题及时提出可行性意见，并及时通报检查结果，实行奖罚挂钩，与单位年底的评优评先挂钩。再次，班组职工要牢固树立民主意识，提高自身素质，增强参政议政的能力。对不实行班务公开、不能胜任的班组长和工会小组长，对班组长侵犯班组职工合法权益的行为，班组职工要果断行使自己的民主权利，及时向上反映情况。

2. 健全制度，及时调整充实公开的内容

首先，各班组应结合各自的实际，在认真征求职工意见的基础上，制定出一套切实可行的班务公开制度，使其“有法可依”。其次，应健全月度班务会议制度，定期召开月度班务会，向职工公布工班当月奖金分配、考勤考核、材料消耗盈亏、月生产任务完成情况、下月生产任务、工区食堂伙食盈亏等方面的内容，提交职工讨论，积极采纳好的建议，当面答复提出的意见，对无法答复的，可提交下一次班务会上讨论决定。再次，应建立班组长直选和民主测评制度，要把能否实施好班务公开作为直选的一个重要否决指标，在测评中，必须把班务公开执行情况作为班组长是否称职的重要考评内容，通过量化、召开职工座谈会、征求本人意见等形式，对测评出的不合格或不称职者进行撤换，对优秀者进行奖励。

3. 结合实际，建立健全班务公开台账

台账必须把涉及班组职工切身利益的方方面面融为一体，要把每月活动情况、职工讨论意见及整改结果，真实地记录在台账内。为增加透明度，班务公开的内容应在班组的显要位置揭挂上墙，采用图表显示。当然，建立这一台账，必须防止作假，由专人负责，可以采取设立职工监事会的形式进行监督。

总之，班务公开是企业厂务公开的有效补充和延伸，是企业民主管理、厂务公开的缩影，抓好班务公开工作将直接促进企业厂务公开，促进民主管理，务必引起每一位管理者的高度重视。

（四）班组民主管理员

班组职工民主管理员，是班组民主管理的骨干力量。班组民主管理员的设置是职工群众当家作主、直接参加生产管理的重要组织形式。班组要尽可能做到人人参加管理，大家既是生产者又是管理者，每个人对小组工作都能承担一部分责任。一般情况下，班组设置的民主管理员有：政治宣传员、技术质量员、经济核算员、安全设备员、材料工具员、考勤员、生活福利员。民主管理员可由班组民主选举产生，人数应根据本班组的生产任务和工作量的实际需要设置，应贯彻少而精的原则，明确各自的分工，各负其责。

班组职工民主管理员的职责如下。

1. 政治宣传员

（1）向班组成员宣传党的路线、方针、政策，做好思想政治工作。

（2）组织与动员班组成员参加政治、文化学习，开展读书、读报活动；宣传先进人物事迹，提高班组成员的思想道德水平。

（3）办好班组园地和黑板报，组织宣传报道好人好事。

（4）组织班组成员参加兴趣爱好小组，开展健康有益的文娱、体育活动。

（5）对本单位的思想政治工作经常提出改进意见。

2. 技术质量员

（1）加强班组技术、质量管理，检查督促班组成员认真执行工艺规程和操作规程。

（2）宣传贯彻“质量第一”的要求，开展小组产品信得过活动。

（3）组织班组成员开展岗位练兵、技术革新活动，不断提高技术素质。

（4）负责登记技术革新、合理化建议和质量管理台账。

3. 经济核算员

（1）协助班组长落实各项经济技术指标，掌握各种物资的消耗情况和使用情况，提出增产、节约措施和改进意见。

（2）按时做好经济核算工作，公布核算结果，记录台账。

（3）协助班组长开好经济活动分析会。

（4）能及时提供劳动和技能竞赛评比资料和经济责任制考核数据，协助班组长做好记分评奖工作。

4. 安全设备员

（1）贯彻执行国家的劳动保护规定，教育班组成员严格执行操作规程、设备保养、安全生产、文明生产等规章制度，协助有关部门落实安全生产措施。

（2）经常报告与分析班组的安全生产和文明生产的情况，发现险情立即报告。

（3）经常检查机械设备和安全设备的状况，搞好设备维护、检修，使设备达到国家规定的保养标准。

（4）组织研究如何提高设备利用率，节约能源。

（5）参加事故分析会，协助领导研究预防事故的措施。

（6）管好、用好劳动保护用品，记好设备台账。

5. 材料工具员

（1）掌握材料、工具消耗指标，会同经济核算员做好消耗指标的核算。

（2）严格执行材料、工具领用和退库制度，使工人合理使用材料、工具。

（3）检查组员专用工具的使用和保管情况，做到账物一致，保管合理。

（4）组织分析材料，工具消耗指标超支原因及改进措施。

（5）记好工具、材料台账。

6. 考勤员

（1）严格执行考勤制度。

（2）掌握本班组的出勤情况。

（3）协助劳动工资部门做好定员、高出勤率和工时利用率的措施。

（4）协助班组长贯彻执行经济责任制，宣传工资奖励政策，处理好国家、集体、个人三者的利益关系。

7. 生活福利员

（1）与本班组人员有关的生活用品的领取与分发工作。

（2）进行家访，了解职工生活情况，协助班组长搞好职工困难救助工作，并积极开展互助互济活动。

（3）配合医务部门，做好防病保健工作。

（4）帮助职工正确处理恋爱、婚姻和家庭之间的关系。

（五）民主评选班组长

班组民主评选班组长主要是指对班组长的民主选举和民主评议。这是班组民主管理的新形式和新方法。

班组长民主选举，是指采用民主选举方法产生班组长的一种民主选举制度。民主选举的方式可根据企业和班组的特点进行。在班组长民主选举时，凡是依法享有宪法和法律规定权利的职工，都有选举和被选举权，都可根据自己的愿望和意志推荐班组长人选，同时，也都有均等的机会当选为班组长。这种同等条件、同等待遇和同等机会是职工民主权利的体现。被推荐当选的班组长一般任期两年，可连选连任。这样产生的班组长，群众基础好，在职工中有一定的威信，有利于班组实行民主管理。但是，根据现有的实际情况，班组长的产生由组织任命、招聘和民主选举产生三种形式。当然，不管是行政指定还是民主选举，都必须走群众路线，充分尊重本组职工意见。

班组长民主评议是班组民主管理的重要内容，也是职工在班组中行使审议和监督民主权利的具体体现。班组长在任期内，要通过班组民主会将班组主要工作及班组工作中的难点提交组员讨论，并征求组员对自己工作的意见和建议，以端正工作作风，提高工作水平。评议的方式可根据企业或车间工作需要，每年对在职班组长进行一次民主评议。评议的范围是生产组长也应包括工会组长。评议的内容主要是思想作风、领导方法、工作的成效等。评议的形式有面对面提意见和背对背评议，还可以通过对小组民意测验及采用无记名投票等方式收集职工对班组长的意见。这种方法对于促进班组长的思想作风转变、工作方法改进、业务水平提高、班组骨干的发现和起用都是非常有益的。

第三节　正确处理班组民主管理与专业管理、群众管理的关系

班组要实行班组长责任制同班组民主管理相结合的制度，把班组的行政管理同民主管理、专业管理、群众管理结合起来。那么，班组的专业管理与民主管理、群众管理与民主管理、专业管理与群众管理之间有哪些区别和联系呢？

一、班组专业管理与民主管理的关系

班组专业管理，是指在企业、车间的整个生产、经营管理中，班组通过自身的作业计划、组织、指挥协调等职能，对班组中人、财、物有效利用，以达到企业所规定的管理目标的管理形式。

班组民主管理，是指发动职工实行政治民主、经济民主、生产技术民主、生活民主，保障职工在专业管理中行使民主权利的一种管理形式。

班组专业管理的主体是班组内的生产组长和工会组长，以及根据企业实际需要配备的质检员、经济核算员、设备安全员、宣传员、生活员等工管员。班组的日常工作由行政指挥系统分解到班组，通过生产组长和工会组长的协调落实、具体组织实施。从专业管理角度来说，他们是行政管理最基层的一级组织，是企业管理的基础。在班组内，他们是班组中的核心，是班组管理的组织者和指挥者，是第一线的现场管理人员。对广大职工来说，实现在专业管理机构的指挥下所进行的对物的管理，主要是完成岗位责任制所规定的任务。班组民主管理的主体是班组内的全体职工。生产班组是生产力二要素的交集点，只有充分发挥劳动者这一最积极、最活跃因素的能动作用，才能使劳动工具、劳动对象这两个因素发挥出最大的效能，促进生产力的发展。这就要求每一个劳动者首先是一个生产能手，同时还要懂得经营、学会管理。也就是说，新时代的劳动者应该是既精通

生产工作任务，又会管理的新型职工。职工个人不仅要实现本岗位的目标，而且要对班组专业管理和企业重大问题进行审议，自下而上地行使民主权利。

（一）班组专业管理与民主管理的主要区别

1. 主体不同

专业管理的主体是班组长及工管员，民主管理的主体则是全体组员。

2. 职工所处的身份不同

专业管理下的职工是被管理者，民主管理下的职工是管理者。

3. 对职工个人的要求不同

专业管理要求职工完成岗位责任制所规定的任务，民主管理则要求职工不仅要从事生产，而且要学会管理、行使民主权利。

（二）班组专业管理与民主管理的联系

班组专业管理必须依靠班组民主管理，通过民主管理、集中职工的智慧，搞好专业管理，使专业管理更好地体现社会化大生产的要求，更好地代表职工当家作主的愿望和意志。班组民主管理必须依赖专业管理的指导。两者互为条件，相辅相成，两者结合有利于提高班组专业管理和民主管理的水平。

二、班组民主管理与群众管理的关系

有些人分辨不清班组民主管理与群众管理，认为工会小组民主管理就是班组长、工管员管理，理由是他们由群众组成，代表了群众意愿。其实，班组民主管理与群众管理是不同的。

（一）班组民主管理与群众管理的区别

班组民主管理要求企业领导体制上保障全体职工充分行使管理企业的一切权利，使职工真正成为企业的主人。它的主体是全体职工，它把职工看成是管理的一分子，具有行使民主权利的职权。职工不仅是生产者也是管理者。

班组群众管理是吸引和依靠职工直接参与企业管理的各项工作，从而使企业管理具有更广泛群众基础的一种管理形式。实行群众管理是社会主义企业优越性和党的群众路线在企业管理中的体现。从根本上说，群众管理体现了领导者的工作作风，它的主体是行政领导部门，它使专业管理走群众路线，倾听职工呼声，避免脱离群众、脱离实际，犯主观主义和官僚主义的错误，它为专业管理提供更广泛的群众基础。对全体职工来说，要从各自的岗位上关心企业的生产和经营，对影响生产经营的各种问题，在分管范围内提出建议和要求，在专业管理部门的同意下进行综合处理。

（二）班组民主管理与群众管理的联系

群众管理是基础，民主管理是实质，群众管理是民主管理的组成部分，包含了民主管理的部分内容，而不是全部内容。所以，我们不能以群众管理代替民主管理。

三、群众管理与专业管理的关系

班组群众管理是班组职工群众直接参与班组的生产经营管理。专业管理是在行政生产指挥系统下，对班组实行专业性管理。

群众管理与专业管理之间的关系，主要体现在以下几个方面。

（1）班组的生产经营的各项管理决策，需要建立在班组的群众基础上，要得到班组职工群众的支持和拥护，代表职工群众的利益和愿望。

（2）班组的专业管理必须发动职工群众，依靠职工中优秀分子和有特长的同志参与班组管理，这种群众参与管理为专业管理带来了生机和活力。

（3）班组生产经营的专业管理需要班组群众自觉贯彻执行，只有建立在大多数群众的自觉行动上，班组的专业管理才能真正落到实处。因此，群众管理是专业管理的基础和条件，专业管理是群众管理的愿望和要求。班组专业管理由不脱产的职工兼职完成，是专业管理群众化的体现。

【案例1】

班组民主管理案例

为了进一步细化××班组民主管理，切实可行地做好检修人员的基础管理工作，工会小组不定期召开班组民主生活会，发动职工积极地参与到生产管理中，最大限度地挖掘生产潜力，为公司发展而努力。

一、召开民主生活会的意义

一个和谐的班组，首先是一个团结的班组。一个团结的班组，首先是一个民主的团体，而民主生活会正是班组民主的有效载体。

班组民主生活会是班组实现民主管理的重要形式，班组开好民主生活会，有益于班组的团结以及班组人员的进步，进而在安全生产中形成更强的团队战斗力，使班组管理步入良性发展的轨道。

二、班组民主生活会实施方法

1. 班组民主管理的基本组织形式为班组民主生活会。班组民主生活会由班组全体职工参加。

2. 班组民主生活会由班长主持，班组民主生活会每月定期召开一次，每次会议要尽量保证班组全体成员参加。

3. 遇关系到班组职工利益的重大事情需要协商解决时，可以根据需要随时召开班组民主生活会，以集体协商或无记名投票方式解决。

4. 班组民主生活会讨论决定的事项，必须由本班组的职工同意才能生效，经班组民主生活会在其职权范围内讨论决定的事项，未经重新讨论不得修改。

5. 班组民主生活会决定的事项，与班组长意见不一致时，应相互协商解决，意见仍不统一时可报请设备部经理解决。

6. 班组民主生活会的每次会议要组织专人做好记录，原始记录要做到完整、准确，并妥善保管。民主生活会的记录内容包括会议议题、通过（决定）的事项，参加人数及主持人名单、讨论情况、表决结果、时间等。

7. 公司工会有指导、支持和维护班组民主生活会正确行使职权的责任和权利。

三、开展民主生活会的目的

1. 贯彻落实公司、部门决议中涉及本班组的有关事宜。

2. 讨论决定班组各项规章制度及改革方案。

3. 讨论决定班组任务分配方法和有关职工生活福利的事项。

4. 开展合理化建议活动。

5. 总结经验、教训，对工作突出的职工进行表彰，对工作中出现失误的职工，指出其不足之处，并提出改进的方法。

6. 及时了解和解决职工生活中的矛盾，工作上的想法，学习中的困惑。

7. 促进班组人员之间的协调、了解，增强团队的凝聚力。

开会时应充分发扬民主，尊重职工的民主权利，给全班成员充分发表意见的机会，允许发表不同意见和反对意见。注意活跃会议气氛，形成宽松、和谐、严肃、认真的局面。民主生活会不能你好我好他也好，真正好的民主生活会，一次与一次的话题是不同的，一次与一次产生的效果是累进的。这个累进的结果应能够解决问题、增进团结，让职工少犯错误，工作少出问题。

四、民主管理委员会成员

会长：××

副会长：××　××

组员：××　××　××

【案例 2】

班组民主管理会议记录

班组民主管理会议记录第 1 篇

时间：2022 年 10 月 11 日

地点：××公司 B 班组办公室

主持人：张经理

出席人员：B 班组全体成员

会议内容：

1. 班组成员工作情况通报

在会议开始前，各成员分别通报了最近工作的情况。大家互相了解彼此的工作进展情况，发现存在的问题，提出一些建议，共同探讨解决方案，并对工作中遇到的各种问题展开讨论和交流。

2. 摸排班组工作现状和困难

张经理为大家讲解了最近时期公司的财务状况和工作环境的变化，提出改进班组管理的事项，并向成员们征求他们对工作的看法和想法，多角度摸排工作现状和困难。

在班组的工作过程中，我们遇到了一些困难，其中包括管理方式的不适应、缺乏奖惩措施、缺乏培训机会、工作任务过于繁重、人员配备不足等问题。通过大家的讨论，我们还找出了一些个别成员的不良表现，例如迟到早退、懒散怠工等行为。我们决定通过班组内部的整改与管理，加强日常的督促和监管，使工作效率得到提高。

3. 班组管理模式的优化

在本次会议中，大家提出了班组管理模式的优化和创新，商讨了重要事项的权责划分、流程优化等问题。其中，最具代表性的是针对工作任务过于繁重的问题，我们提出了建立明确的工作计划和职责划分的方案。此外，我们也想办法提高工作效率，争取让每位成员更好地发挥自身的优势和才能。

4. 职工奖励制度的建立

面对班组内出现的优秀表现，大家一致认为应该通过奖励机制予以激励，提高个人的工作积极性和工作效率。针对这种情况，我们提出了建立职工奖励制度的方案，并商讨了奖项的设置和奖金的数额，对于工作表现优异的职工，可以给予额外的奖励。同时，对于表现不佳的职工，我们也决定通过理性、平等的方式，加强管理和督促，用劝导的方式引导其更好地参与班组工作，为公司的发展贡献自己的力量。

5. 其他事项

在本次班组民主管理会议中，大家还讨论了一些其他需改进的事项，例如培训机制的建立、睡眠质量的监管等。这些讨论旨在为班组的管理工作提供更全面、更具针对性的指导意见。

会议总结：

通过本次班组民主管理会议，我们深入讨论了工作中的症结和难点，寻求管理方式的优化等方面的改进措施。通过班组成员的共同讨论，我们找到了切实可行的办法，我们相信，在共同努力下，我们一定能够将B班组打造得更加精致化和高效化。

班组民主管理会议记录第2篇

班组民主管理会议记录

时间：2022年×月×日

地点：××厂××车间××班

主持人：××

记录人：××

参会人员：班组全体成员

会议内容：

1. 主持人宣读上次班组民主管理会议的纪要，班组成员对纪要进行了审查和修改，最终通过。

2. 针对上个月底班组在平衡车间中发生的安全事故，讨论安全管理问题。班组成立安全小组，负责监督、检查和整改机械设备的维修、保养工作，定期开展安全演习和常规的安全检查；班组成员还要加强自我安全教育，提高安全意识，严格按照操作规程执行操作，防止发生安全事故。

3. 班组成员自发讨论的其他问题。其中，关于班组内部与工会的沟通协调问题得到了较为详细的讨论。班组成员普遍认为，沟通协调非常重要，可以促进班组成员之间的交流，更好地维系班组内部的和谐氛围。对此，班组成员提出了非常实际的建议：定期开展主题交流活动，采用摇滚石头的方式，通过抛石头的方式选择发言人，鼓励班组成员踊跃发言，交流自己的想法和心得体会，加强了解彼此，拉近了距离。

4. 班组成员还深入探讨了班组文化建设，认为要倡导班组的企业精神、服务精神、创新精神，取得更好的班组成绩，增强班组凝聚力和向心力。班组成员提出了不同的建议，包括开展技能比赛、安排文化课、开展集体文体活动等。

5. 最后，班组成员充分肯定了班组的工作成绩，同时也指出了存在的不足和改进的空间。班组成员们表示，将继续发扬班组民主、集体、和谐的精神，以更好的状态和信心为车间和公司的发展作出更大的贡献。

会议记录结束。

总结：

班组民主管理会议是班组内部民主管理议事制度的重要内容，班组成员可以在这里畅所欲言、倾诉心声，集思广益、共同成长，实现班组民主管理的真正价值。

第六章

工会小组的安全生产工作

班组是企业安全生产的最基层组织。企业安全生产规程、标准和相关规章制度的贯彻落实以及先进安全技术的推广应用都要落实到班组，工会小组依托行政班组而存在，围绕班组工作任务发挥作用。因而工会小组的安全生产工作是夯实企业安全的基础，是创建安全型企业、推进企业持续健康发展的关键环节。

第一节　工会小组“安康杯”竞赛活动

“安康杯”是基层工会取“安全”和“健康”之意而设立的安全生产荣誉奖杯。“安康杯”竞赛，顾名思义就是把竞争机制、奖励机制、激励机制应用于安全生产活动中的群众性“安全”与“健康”竞赛，它是新时代劳动和技能竞赛在企业安全生产工作中的具体应用、实践和延伸。

一、“安康杯”竞赛的目的

“安康杯”竞赛的目的是通过竞赛提升安全生产管理、领导者安全生产意识、职工安全生产知识水平和能力、安全生产各项指标等，不断推进企事业单位的安全生产工作和安全文化建设，不断扩大社会影响，提高全民安全生产意识，最终降低各类事故的发生率和各类职业病的发病率。

二、“安康杯”竞赛主题和考核标准的确立依据

（一）“安康杯”竞赛的主题

“安康杯”竞赛的主题是依据当时安全生产的主要问题，并结合工会工作的特点确立的。为使竞赛活动取得实效，竞赛主题在时间跨度上保持了相对稳定性。以全国“安康杯”竞赛活动为例，每期活动始终把提高企业管理人员安全生产意识，提高广大职工安全生产知识和自我保护能力作为竞赛主题。这一主题的确立既抓住了当前我国安全生产的突出问题，又符合发挥工会组织的特点和作用，因此，深受企业管理者和职工的欢迎。“安康杯”竞赛活动中主题的确立，符合安全生产的实际情况，对开展好竞赛活动非常重要，因此，在每年活动之初，活动组织者都要根据当时安全生产工作的情况和上一年度的竞赛效果，及时确立新一年度的竞赛

主题。

（二）“安康杯”竞赛的考核标准

“安康杯”竞赛的考核标准是依据各行业的安全生产管理特点和伤亡事故及职业病控制水平等综合因素制定的。这个标准比较客观地反映了某一行业的安全生产管理水平及对事故和职业病的控制能力。如果一个企业能达到这一标准，也就跨入了国内同行业的安全生产先进行列。但“安康杯”竞赛毕竟是一项活动，为吸引各行各业积极参加这一活动，竞赛标准又不能高不可攀，故在标准的制定上应合理。

三、“安康杯”竞赛的表彰形式

随着全国“安康杯”竞赛活动的不断深入，表彰范围、数量、内容也在不断扩大和增加。目前，全国“安康杯”竞赛表彰范围已由国有企业扩展到非公有制企业；优胜企业表彰数量已大幅增加；表彰内容增加了全国“安康杯”竞赛优秀组织单位、优秀组织个人和优秀班组，在全国“安康杯”竞赛优胜企业中增加了“全国五一劳动奖状”的评选。

四、“安康杯”竞赛活动的特点

（一）高度重视

“安康杯”竞赛活动得到各省、自治区、直辖市党委、政府有关部门和企业党、政、工的高度重视和支持，被纳入安全生产责任制考核内容。目前，全国有三十多个省、自治区、直辖市和铁路、民航系统成立了“安康杯”竞赛活动组织领导机构，形成了地方政府领导挂帅，工会、安全生产监督管理和劳动等部门通力合作，企业党、政、工、团齐抓共管的格局。

（二）参赛范围广

参赛范围不断扩大，覆盖了全国各种性质类型的企、事业单位。无论是公有制企业、事业单位还是非公有制企业，都表现出很高的热情和积极性，而新增的企业和职工主要来自非公有制企业，不少沿海省份非公有制企业参赛数量大大超过国有企业。

（三）竞赛主题鲜明、重点突出，考核标准合乎实际

竞赛活动主题始终定位在有利于提高广大企业管理者的安全生产意识和管理水平，提高广大职工的安全生产知识和自我防护能力上；竞赛活动重点放在事故多发地区、高危行业和危险场所，放在基层及生产一线职工；竞赛活动目标确定为力争伤亡事故有所下降，重大、特大事故得到控制，加强企业安全管理，加强工会群众监督，加强安全生产知识培训，加强企业安全文化建设。在考核标准方面，对煤矿、冶金、石油、化工、建筑、铁路、民航、轻工、纺织等行业分别制定了定性和定量的“安康杯”竞赛考核标准。

（四）寓教于乐，采取职工喜闻乐见的活动形式

结合企业文化建设，使“安康杯”精神深入人心，变为职工的自觉行动。各地的参赛单位紧紧围绕全国“安康杯”竞赛组委会制定的活动主题，在职工群众中广泛开展了各种行之有效的宣传教育活动，鼓励并激发广大职工自觉学习安全生产法律、法规和安全生产知识，掌握自我防护技能。全国“安康杯”竞赛组委会和各地、各企业“安康杯”竞赛组委会先后开展了职工安全生产知识学习比赛，安全生产演讲、书画、征文、技能比赛，安全生产知识一百题答题和网上答题比赛等活动，企业广大职工热烈欢迎并踊跃参加。

（五）培育典型、推广经验、表彰先进，推动并引导竞赛工作

各地十分注意总结推广经验，运用典型引路，带动竞赛工作。全国“安康杯”竞赛组委会办公室在全国推广江苏省开展“安康杯”竞赛互检的经验、浙江省组织非公有制企业参加“安康杯”竞赛活动的经验、河南省等省份把“安康杯”竞赛优胜企业纳入五一劳动奖状评比的经验、辽宁省民航系统用活动带动活动的经验等，这些经验的总结和推广对推动全国“安康杯”竞赛活动起到了重要作用。

（六）竞赛活动已成为工会劳动保护工作的有效载体

“安康杯”竞赛为工会劳动保护工作提供了一个履行职责、发挥作用的舞台。劳动保护的大部分工作，都可以利用“安康杯”竞赛活动这个载

体来开展。同时，“安康杯”竞赛活动融入工会劳动保护工作，也使“安康杯”竞赛从单项活动转为重要的业务工作，成为必须列入计划，提供人力、物力、财力来保障的长期任务，也使“安康杯”竞赛向规范化、制度化迈进了一大步。

五、准确把握新时代工会小组劳动保护和“安康杯”竞赛活动中应该注意的问题及对策

（一）工会小组劳动保护和“安康杯”竞赛监督检查人员存在的一些问题及对策

一是不愿监督检查。部分工会小组劳动保护和“安康杯”竞赛监督检查人员只挂名不监督。在具体工作中见事不问，遇事不管。由于激励机制不健全、日常管理流于形式等原因，工会小组劳动保护和“安康杯”竞赛监督检查人员产生了“干与不干一个样”“干好干坏一个样”的想法。二是不会监督检查。有的工会小组劳动保护和“安康杯”竞赛监督检查人员对工作任务、方式方法掌握得太少。在具体工作中，有的工会小组工作人员虽然工作热情很高，干劲十足，但经常“敲鼓打不到点上”“上楼找不到梯子”。三是不敢监督检查。有的工会小组劳动保护监督检查人员发现了“三违”（违章指挥、违章作业、违反劳动纪律）或安全隐患后，虽然能够及时提出自己的主张，但是一遇到阻力便放弃了原则。

工会小组劳动保护和“安康杯”竞赛监督检查员处在生产工作第一线，要想把本单位工会小组劳动保护工作做好，必须练好五种基本功。一是“脑功”。就是要用科学发展、安全发展新知识武装头脑，要善于学习、勤于思考、敢于创新、不断总结。二是“腿功”。就是要勤下班组巡查，不能只顾埋头干自己的工作；要时刻把职工在生产过程中的安全与健康挂在心上，经常想想班组内部还有哪些安全问题没有解决，应该怎样为行政服务好、协助协调好。三是“眼功”。就是发现问题的能力要强，善于透过现象看本质，通过到生产一线看、听、问、查，迅速发现和找准单位内部存在的问题。四是“口功”。就是要有较强的口头表达能力，善于与人

沟通；要当好宣传员，通过自己的嘴，把党和国家的方针政策、法律法规和上级的指示要求，宣传贯彻到单位和职工中。五是“手功”。就是要有较好的文字表达能力，对自己分管业务的有关材料能够亲自动手写，并努力做到言之有物、言之有理、言之有序。

（二）工会小组劳动保护和“安康杯”竞赛监督检查过程中存在的一些问题及对策

一是检查的目的不明确。首先要解决思想认识问题。要检查什么，通过检查要达到什么目的，产生什么样的效果，作为检查人员，应该先做到胸中有数。在每次检查之前，应采取开短会和现场动员会等方式方法，结合实际向检查者和被检查者讲明检查的目的、意义。二是检查的重点不突出。对安全检查应当点面结合，突出重点，主要应该突出人的行为、物的状态。检查内容主要包括对《安全生产法》《劳动法》等安全生产和劳动保护法律法规的宣传、学习和贯彻执行情况，对安全业务知识的学习和运用、推广情况，对从业人员开展安全技术培训及现场生产安全、环保和心理健康情况检查等。三是检查方法不科学。安全检查要克服形式主义，做到由此及彼、由表及里，要运用创新有效的安全检查方法，比如评议法、评估法和测量法。四是查找问题不全面不深入。达到安全检查的目的，不仅要有积极的态度，还要有深厚的业务知识和丰富的经验。从软件方面查找或发现问题，即通过查资料、记录档案，发现被查单位在规章制度、规范化管理等方面存在的问题。从劳动岗位上发现问题，即通过对应查岗位的检查，发现被查单位或个人在执行劳动纪律、操作规程等方面存在的问题。从设备设施上发现问题，即通过对被查单位现有设备、设施的性能、维修情况等方面进行检查，从而发现设备、设施存在的隐患。五是提出意见和整改措施不严不实。对发现的隐患，工会小组劳动保护和“安康杯”竞赛监督检查人员应及时向被查单位提出整改意见，这些内容主要包括预防意见、整改意见和综合性意见。隐患查清后，被查单位应该想方设法抓好整改落实。整改落实应采取什么样的措施，要因事、因时、因条件而定。归结起来，有三种办法措施。第一，一般性防范措施。即对事故隐患及可能造成的灾害、后果所采取的诸如维修、养护等防范措施。第二，特殊性防范措施。即针对事故隐患的现状、成因所采取的停产整顿、全面检修、布局调整等措施。第三，限期整改措施。即针对已查明的隐患状况，要求被查单位定时间、定责任、定人员，按照“四不放过”（事故原因未查清不放过、责任人员未处理不放过、整改措施未落实不放过、有关人员未受到教育不放过）原则，在规定时间内对隐患进行整改整治，避免弄虚作假和走形式走过场现象的发生。

第二节　工会小组如何做好班组安全生产工作

一、工会小组的安全制度检查

工会小组的安全制度检查一般包括日常安全检查、定期安全检查和安全检查表。

（一）日常安全检查

一般采用“一班三检”制度，即班前、班中、班后进行安全检查。班前检查，消除作业环境中的不安全因素；班中检查，制止或纠正违章作业，及时排除事故隐患；班后检查，清理作业现场，不给下班留下隐患。

（二）定期安全检查

1. 确定检查范围、对象和标准。检查范围和对象包括：设备、设施的不安全状态（危险点和隐患），人的不安全行为（违章作业），环境的不安全因素，以及管理方面存在的缺陷。

2. 明确规定检查时间。如每周、每季、每年的具体时间，也可以考虑在设备检修、节假日期间进行。

3. 检查标准。依据不同的作业岗位的相关规定制定相应的标准。

4. 对安全检查查出的问题，要及时采取措施。能够整改的隐患，要组织有关人员及时整改；对不能解决的问题，要采取防范措施，并向上级领导和工会反映，督促及时解决。

（三）安全检查表

日常或定期安全检查，最好使用安全检查表。安全检查表的内容要根据工艺与设备的事故预防控制要点来确定。

二、工会小组的安全生产管理

（一）工会小组安全教育工作

1. 安全责任教育。
2. 安全生产方针教育。
3. 安全法规教育。
4. 事故案例教育。
5. 安全卫生知识教育。

（二）工会小组安全管理原则

1. 生产与安全一起抓。安全寓于生产之中，并对生产发挥促进与保障作用。坚持把安全工作放在第一位，当安全与生产发生矛盾时，生产必须服从安全的原则。

2. 坚持安全管理目的性的原则。没有明确目的性的安全管理是一种盲目行为。盲目的安全管理，只能纵容威胁人的安全与健康的状态向更为严重的方向发展或转化。

3. 必须贯彻预防为主方针的原则。安全生产的方针是“安全第一、预防为主”。安全第一，肯定了安全在生产活动中的位置和重要性。而预防为主，就是要提高对生产中不安全因素的认识，端正消除不安全因素的态度。在生产活动过程中，经常检查、及时发现不安全因素，明确责任，采取措施，尽快地、坚决地予以消除。

4. 坚持“四全”（全员、全过程、全方位、全天候）动态管理的原则，即全员、全过程、全方位、全天候的动态安全管理。

5. 安全管理重在控制的原则。对生产因素状态的控制是安全管理中最重要的内容。因此对生产中人的不安全行为和物的不安全状态控制，必须作为动态安全管理的重点。

6. 在管理中发展、提高的原则。

（三）工会小组如何预防事故发生

1. 寻找事故预防的着眼点。伤害事故发生前，往往有多次未遂事故为前兆。发生未遂事故后要提高警惕，全力寻找消除事故隐患。

2. 安全行为管理——人的不安全行为控制。安全行为管理是对人的安全行为进行研究、预测和控制等一系列安全管理活动的总称。安全行为管理可主要采取以下的方式：分析行为动机；满足人们的正当需要防患于未然；掌握工作方法，激励主人翁责任感；开展互保活动，搞好人际关系；开展“三不伤害”，即“我不伤害自己，我不伤害别人，我不被别人伤害”活动，提高自我保护意识。

3. 物体的不安全状态控制。就是对“隐患”的控制。工会小组要经常或定期进行安全检查，以尽早发现、控制、消灭隐患。安全检查不但要重视查找所有设备、设施、工具等方面的不安全状态，也要重视工作环境方面的不安全状态，如噪声、湿度、温度、照明、通风，工作现场的安全通道、防护盖板、栏杆以及灭火器材等。安全检查时最好使用安全检查表。对查出的隐患，工会小组能解决的自行解决，解决不了的立即上报上级部门，在上级部门没有处理前，工会小组一定要有严密的防范措施。

三、工会小组的安全技能训练

（一）模拟故障训练方法

拟定故障点，被训练者进入现场后，按规定程序排除故障。这种训练可以培养被培训者的反应能力，处理故障的速度和准确性。在进行模拟故障训练时应注意训练前、训练中、训练后都要采取保护措施。

（二）危险预测训练方法

选定训练岗位，由被训练者推测潜在危险和易发事故，继而工会小组共同商讨确定应该立即解决的重点危险因素，制定处理方案。要求方案切实可行、具体明确。最后，确定行动目标，解决如何去做的问题，要求小组全员目标明确、行动一致。

四、进一步开展班组劳动保护工作

班组劳动保护，是指在企业基层生产单位中，按照国家、企业制定的有关劳动保护法规制度，采取一系列技术、教育、管理和防护措施，消除生产中的不安全因素，保护职工在生产过程中的安全。基本内容包括：明确班组劳动保护职责、开展班组安全教育、组织班组安全检查、进行工伤事故现场分析及处理、用好管好劳保用品、做好女职工特殊保护和班组职业病防治工作、应用现代安全管理技术等。

（一）班组劳动保护存在的问题

1. 劳动保护职责不明确

班组劳动保护职责分为班组长、工会小组长和班组职工的劳动保护职责，一些班组长和工会小组长对劳动保护职责的了解不全面，职工对班组劳动保护更是知之甚少。

2. 班组安全教育不够

班组安全教育有班组岗位安全教育、经常性安全教育、各种寓教于乐的安全教育和特种作业人员的安全教育等。班组安全教育不够主要是由于班组岗位安全教育执行不力，各种寓教于乐的安全教育活动也不够丰富多样，缺少适合班组实际的安全活动，例如班组安全知识竞赛、班组安全合理化建议等。

3. 劳保用品管理使用不当

劳保用品是预防职工生产中发生事故和职业病的一种防御性装备，班组是个人防护用品直接使用的场所，用好、管好劳保用品，是班组劳动保护工作的重要内容之一。在检查和调查中发现，一些职工把单位发的劳保用品几乎都拿回家，留在班组使用的劳保用品很少，例如口罩是用来防尘的，可是在工作中，很少有人戴口罩。

4. 女职工的特殊保护工作做得欠缺

女职工在孕期、生育期、哺乳期尚能得到特殊保护，但是女职工在经期的特殊保护上做得就不够。

5. 班组职业病防治工作表现不力

主要表现在职业病防治的宣传做得不够，对班组劳动过程中职业病防治的措施执行不力。

（二）搞好班组劳动保护的对策

1. 明确班长、工会小组长和班组职工的劳动保护职责

加强班员对班组劳动保护重要意义的认识。班长要注意发挥工会小组长检查监督员和其他五大员的作用，协助做好班组劳动保护工作。

2. 加强班组的安全教育，尤其是岗位安全教育

对于新职工、换岗工都要进行新岗位安全技术教育，此项工作由班长组织，教育内容应包括：安全状况、规章制度、工作性质及职责范围；机械、电气等设备的安全防护性能及使用操作规程；事故教训、劳动条件；危险机件和危险物的控制方法；劳动保护用品的正确使用和保管。在教育方法上，采取以老带新或以师带徒，经考核合格后才准予独立上岗。另外，根据班组的实际情况，可开展班组劳动保护、安全知识竞赛，班组百日安全无事故竞赛，班组反“三违”活动，班组安全合理化建议活动，班组安全影视教育活动，班组事故图片展览会等，丰富安全教育活动的形式，以加强教育的效果。

3. 按时发放劳保用品并教育职工规范使用

及时制止并纠正违章现象，用好管好劳保用品。对不合格的劳动用品，及时指出，限期整改，保证人员的健康和安全。

4. 做好女职工的特殊保护工作

对女职工实行“四期保护”，从生理上真正保护女职工的合法权益。

5. 加大对班组职业病防治的宣传工作

宣传职业病防治的意义，学习有关的工业卫生标准和职业病防治办法，做好通风除尘等防护设备的保养工作，努力使班组劳动过程达到卫生标准要求。落实防护、急救、治疗措施，落实对废气、废水、废渣和噪声的治理措施等。

（三）搞好班组劳动保护工作的途径

1. 坚持“管生产必须管安全”这一指导思想

班组长对生产与安全全面负责，对班组的生产和安全工作，做到同时计划、部署、检查、总结、评比。

2. 坚持行政管理与群众监督相结合

根据“三结合”（国家监察、行政管理、群众监督三个方面结合）的劳动保护管理体制，在企业内形成“专管成线、群管成网、专群结合”的劳动保护管理和监督体系。一方面建立行政一把手全面负责，各科室、车间、班组主要负责人具体负责的劳动保护、安全生产管理系统；另一方面建立班组、车间、企业工会三级群众监督系统，并履行参与、协助、教育、监督的职能，配合行政做好群众的劳动保护工作。

3. 坚持班组劳动保护、安全生产责任制与班组经济责任制挂钩

运用物质奖励手段来增强班组职工的安全生产责任心。制定班组劳动保护、安全生产责任制时，在明确班组岗位安全生产职责、目标，完善各个岗位安全操作规程的同时，把主要内容列入班组岗位经济责任制的考核范围，使班组安全责任的好坏与利益分配挂钩，从而打破班组间、岗位间的安全生产“大锅饭”，调动班组职工的积极性，强化班组劳动保护，确保班组安全生产。

4. 坚持处罚与教育相结合

职工违章作业，必须受到应有的处罚，这是强化职工安全意识的重要手段之一。但是处罚仅仅是一种手段，目的是要让职工树立安全意识和自我保护意识，自觉执行劳动保护法规和企业安全生产各项规章制度。因此处罚还必须与教育紧密结合。组织班组学习劳动保护法规、制度，实行三级安全教育，在教育方法上以“情”感人。特别是对因违章而受工伤的职工，既要照章办事，根据责任大小给予必要的行政处理，又要热情关心，帮助总结教训，同时还必须保证其享受劳动保险政策规定的工伤待遇。

5. 坚持班组安全管理与班组安全竞赛活动相结合

在班组劳动保护与安全生产管理中，除了采用必要的行政管理方法和

手段强化安全生产基础管理工作外，行政和工会还要密切配合，开展以安全为中心内容的多种形式的竞赛活动。如开展安全合格班组达标赛、班组升级赛、班组百日无事故竞赛、班组安全技术比武、班组劳动保护知识竞赛、班组互保活动等，有效地促进班组劳动保护和安全生产基础管理工作的加强，提高班组的整体安全素质。

总之，坚持搞好工会小组劳动保护和加强班组安全基础建设相结合。搞好班组安全建设，是强化企业基础管理的重要内容之一，也是搞好企业劳动保护，减少职工伤亡事故，实现安全生产最切实、有效的方法。

【案例1】

××企业工会小组安全工作职责（样本）

工会小组必须认真贯彻“安全第一、预防为主、综合管理”的安全生产方针，在保障职工安全与健康的前提下，组织生产活动，其职责如下：

一、正确处理安全与生产的关系。坚持把安全工作放在第一位，当安全与生产发生矛盾时，生产必须服从安全。

二、加强安全管理建设，建立健全安全生产责任制、安全生产岗位责任制，形成人人管安全的局面。

三、坚持预防为主，让事故消失在萌芽之中，把职业病杜绝在发病之前。

四、开展安全意识和安全技能培训教育。

五、搞好劳动保护，确保职工的休息权利，同时要注重对女职工和未成年人的特殊保护工作。

【案例2】

××公司班组“安康杯”劳动竞赛经验分享

——建功立业在岗位　劳动竞赛显身手

在分工会的指导下，××项目部以“一家人”的主人翁责任感，积极开展小指标竞赛，进一步加强电力系统安全、平稳、经济运行的可靠性，完成了全年降本增效、提质创优的目标。

一、小指标竞赛考核标准

在分工会帮助下，××项目部建立了一整套考核管理办法和考核体系。

（一）月度考核奖励办法

01

每月/每班组四项竞赛指标值相加，即为本班组当月竞赛分值。

02

值高者即为本月获胜班组。

03

评比结果在“小指标评比台”上公布。

04

对当月获胜班组奖励500元，获胜个人奖励200元。

（二）年度考核奖励办法

01

对每个参赛班组每月竞赛分值相加，即为本班组的年终得分。

02

值高者即为本年度获胜班组。

03

对年度获胜班组奖励1500元。

二、“练兵小指标”竞赛

以竞赛提技能，促服务。练兵竞赛以公司电气设备为主线，充分利用岗位大练兵的契机，认真开展岗位练兵和应急演练。精心编制练兵方案和练兵计划，做到精准练兵。

紧密结合公司电气设备特点，创新练兵新举措，积极推行“3234”培训方法。

“3”是坚持“三原则”，用什么，学什么，考什么；

“2”是坚持抓两头、促中间；

“3”是“三讲”进班组，业务技术骨干讲、职工相互交流讲、项目部领导专家拓展讲；

“4”是抓好“四项培训重点”，从设备原理和结构，日常巡检，倒闸操作，异常分析、现场应急处置四个方面重点抓练兵培训。

竞赛中，把每个班组月平均考试成绩，作为本月小指标竞赛成绩计入竞赛积分。竞赛期间共开展安全、技术培训336课时/人，技术测试322人次，及格率99.6%。

通过练兵，进一步提升了全员职工的整体业务素质、操作技能和应急处置能力，为公司提供更满意、更优质的服务奠定了坚实的基础。

三、“安全生产小指标”竞赛

以竞赛强意识，促安全。树立“安全就是最大的效益”的理念，以现场作业管理为抓手，开展两票（操作票、工作票）合格率竞赛。竞赛中，通过评比涌现出多名最美操作票选手。

开展“我当一天安全员”，争做安全之星，形成“我要安全、我能安全、我会安全”的文化氛围。

参赛班组通过案例学习，举一反三，不断强化安全责任意识。

四、“降本节能小指标”竞赛

以竞赛促经济，提效能。在节能降本方面，紧紧围绕公司实际用电需求，把控制15分钟内最大下网需量和月平均功率因数两个方面作为竞赛指标。

参赛班组通过监控电网实时运行参数，控制公司电网最大下网需量和功率因数的变化，以电力调度职能来调整发电机组的有功功率和无功功率，使电网关口参数达到最优状态。

竞赛中，参赛班组全身心投入实际工作中，每月不断刷新创效纪录。××班组率先执行“峰谷电价”制度，为中安生产节约了大量电费，涌现出一批“节电能手”!

【案例3】

班组安全管理制度（样本）

之一：班前、班后会制度

一、各生产班组应建立和完善班前、班后会制度，要认真组织，切实解决安全生产中存在的问题，决不做表面文章。

二、班前、班后会安排在上班和下班的时候进行，参加会议人员必须提前十分钟到场，会议时间不超过三十分钟。

三、班前应由当日值班干部主持，班后会应由当班跟班干部或当班班长主持。

四、班前、班后会主要内容应包括如下。

1. 班前会：会议负责人必须清楚和明确工作任务、作业任务和施工方法，并根据施工类型、施工方法、人员、工具、环境等制定危险点预控措施。开工前，当班负责人要向作业人员现场交底，做到“六必讲”，即必讲上班安全情况及存在的问题；必讲现场主要安全技术措施；必讲本班具体明确的注意事项和处理意见；必讲当班班长的主要安全责任和必须把住的安全环节；必讲特殊工种的岗位要求；必讲有问题、有安全隐患地点的工作人员必须注意的安全事项。

2. 班后会：跟班干部、班长要在本班结束后及时针对本班工作完成情况以及设备安全运行情况进行正确评估。对于工作中违章行为、工作怠慢、组织失误、责任心不强等现象及时提出批评。对于存在的不足要举一反三，制定有效整改措施并限期落实，以提醒本班成员避免以后工作中同类情况的发生。

五、参加班前、班后会人员应遵守现场秩序，不得来回走动，不准接打手机，不准大声喧哗，不准迟到早退。

六、班前、班后会必须逐项做好记录，填写认真，字迹清晰，参加会议人员必须签到。

之二：现场交接班制度

一、施工地点所有工种必须现场交接班，交接班时双方要用电话向值班人员汇报交接班情况。不执行交接班制度的追查双方责任，扣双基2分。跟班干部必须第一个到达工作现场进行交接班，所有工种交接班完毕，跟班干部最后一个离开工作现场。

二、交接班时间规定：8点班为8：00；0点班为24：00；4点班为4：00。凡是因个人进班松散、未按规定时间进入工作地点，履行交接手续时，交班人可向值班人员汇报，并对接班人扣2分。

三、跟班长交接班内容：当班生产情况、隐患排查和整改情况、工作面施工情况、安全注意事项、重点施工地段、需要下班安排整改的隐患等。

四、机电工交接班时，交清机电设备运转情况，并打扫设备卫生、巷道进行冲尘，设备周围要清理干净，管线吊挂规范。

五、验收员交接班时，必须向下一班验收员交清当班工作面质量情况和遗留问题。

六、班长交接班时，必须向下一班交清当班生产情况、顶板维护情况、隐患整改情况、机电设备运转情况及当班使用工具和更换的设备分类码放，挂牌管理，标清数量和型号，原则上当班出现问题当班解决，有事故不准交班。

七、交接班时，接班人要仔细检查交接内容，确认无问题后，方可履行交接手续。交接手续执行后，出现问题由接班人承担。

八、交接班制度由本班值班人员考核，做好记录。

之三：安全生产学习培训制度

为强化安全管理，提高干部职工的安全意识和岗位操作技能，特制定本制度。

一、“每周两小时安全技术学习”制度

（一）每星期二、四为学习日。

学习时间：

0 点班为 9：00—11：00；

8 点班为 16：00—18：00；

4 点班为 13：00—15：00；

（二）贯彻人：技术员、值班人员。

（三）对全体区队干部、特殊工种和一般作业人员进行培训，每次学习由贯彻人编写通俗易懂、容易理解与掌握，又便于实际操作的教案和问答题，使职工做到应知应会。

（四）参加学习人员按时点名，认真听讲，遵守课堂纪律，不得吸烟及交头接耳。

（五）学习内容为《井下安全意识》《入井须知》《煤矿安全规程》《操作规程》《自救器的使用》《运输安全技术措施》及其他有关安全、机电运输的内容。

（六）学习期间，干部职工自带笔、本，做好记录。

（七）学习完毕，干部、职工必须人人签字，不得代签、漏签，签字必须规范，字体工整。

（八）每次学习期间随机抽查三人对所学内容进行复述，对学习效果不佳的人员停工学习并做好记录。

（九）本单位干部职工必须参加学习，对一次不参加者利用业余时间集中补习。

二、“班前30分钟讲安全”教育制度

（一）每天正点前2个小时到队内点名，即8点班6：10；4点班2：10；0点班22：10。

（二）主持人为当班跟班干部。

（三）贯彻人为当日值班干部。

（四）每次讲安全教育内容由当日值班人员编写规范并填入记录本中。

（五）当班上岗人员按时点名，认真听讲，遵守会议室纪律，对当班未听班前安全教育的人员，一律停止工作。

（六）学习完毕，上岗人员必须在记录本上签字，不得代签，签字必须规范。

（七）当日值班干部必须保管好记录本并做好记录，注明当班签字总数，在交班会上交与第二天值班人员，值班人员填写内容要规范。

（八）特殊工种、一般工种培训和复训由技术员负责。

之四：工会小组安全承诺制度

为强化全员安全意识，深入落实安全责任，提高遵章守纪的自觉性，确保安全生产，特制定本制度。

一、认真执行“安全第一、预防为主、综合治理”的安全生产方针，遵守各项安全生产制度和规定，做到“三不伤害”，即不伤害自己，不伤害他人，不被他人伤害。

二、不违章指挥，不违章作业，不违反劳动纪律，抵制违章指挥，纠正违章行为。

三、按规定着装上岗，穿戴好劳动保护用品，严格遵守公司、矿安全的相关规定。

四、主动接受安全教育培训和考核，持证上岗。会自救，会互救，会熟练使用自救器、灭火器等防护设施和器材。

五、与企业签订劳动合同的所有人员都应进行安全承诺。

六、承诺人必须熟悉安全承诺内容，并在安全承诺书上亲笔签字，不允许他人代签。

七、安全承诺誓词：我已接受过本岗位的安全教育，并熟知安全承诺书内容，愿认真执行，如违反本承诺，愿承担相应责任。

八、承诺人违反承诺，造成责任事故或情节严重的参照《××集团职工奖惩暂行规定》《××公司××矿安全奖惩办法》等有关条款进行处罚，并承担相应责任。

之五：工会小组安全绩效考核制度

为确保单位安全生产方针和目标的顺利实现，总结推广安全生产管理经验，激励队领导干部和职工奋发进取，自觉地搞好安全生产工作，进一步加强安全生产管理，强化安全责任，防止各类事故的发生，持续改进安全绩效，特制定本制度。

一、安全绩效是指基于安全生产方针和目标，控制和消除风险取得的可测量结果。

二、制度适用于本单位所有人员的考核。

三、安全队长对本考核工作负全面责任。

四、主要考核各生产班组是否采取有关措施控制本班组安全事故的发生，以及本单位安全责任人实行安全责任制及履行安全生产职责情况等。

五、奖惩办法如下。

（一）安全考核时，应认真听取被考核负责人的工作陈述、现场了解情况、查阅有关资料和记录进行考核。

（二）考核应与被考核负责人当面交换考核情况，提出整改意见，并报请队领导审阅。

（三）存在事故隐患整改不力的，对责任人罚款二百元，并对责任人进行全队通报批评。

（四）考核结束后，应及时向主管队长进行汇报。对考核情况较好的，给予一定的奖励，较差的给予一定的处罚。

六、安全绩效考核标准如下。

（一）发生安全责任事故的，视情况给予一百至五百元的处罚。

（二）出现一人次轻伤事故给予相关责任人二百元的处罚。

（三）出现一人次重伤事故给予相关责任人四百元的处罚，并追究有关人员责任。

（四）出现重伤以上事故，参照《××集团职工奖惩暂行规定》《××公司××矿安全奖惩办法》追究有关人员的责任，触犯刑法的，移送司法机关依法追究刑事责任。

（五）对所查出的隐患整改不力的，视情况而定，给予责任人五十至二百元的处罚。

七、其他未尽事宜，按照有关奖惩制度执行。

之六：群监员管理制度

一、每月召开一次群监员例会，研究解决当月安全工作中存在的问题，同时配合单位排查重大事故隐患。

二、群监员要积极配合各项安全活动的开展，群监员要积极参加工会小分队下井安全检查活动。

三、单位群监员由工会主席负责管理，每月定期组织学习，提高群监员综合素质。并组织考试，成绩优异者进行适当奖励。对考试不及格的扣除群监员津贴，并待岗培训。

四、群监员要带头学习安全知识，积极参加安全培训。

五、做好群监员的上岗、查隐患、抓“三违”（违章指挥、违规作业、违反劳动纪律）等情况的汇总和汇报工作。对当班群监员上岗的人数要了如指掌，对群监员汇报的隐患做好统计汇总工作。

六、对本班组生产场所、活动区域进行安全监督检查，发现安全隐患迅速向跟班领导或班组长汇报，并及时参与处理，当班在井口接待站填写安全汇报记录，并跟踪落实。

七、群监员要切实发挥好安全哨兵作用，认真履行群监员职责。

八、协助班组长抓好所在班组的安全生产。

九、区队群监员每月上岗不少于二十三次，连续三个月完不成上岗和汇报任务的要根据情况及时对群监员进行处罚和调整。

之七：青年安全岗员管理制度

一、各青年安全监督分岗要坚持一周一学习一汇报、一旬一公布一检查。

二、青年安全监督岗分岗长参加区队（车间）有关生产安全方面的会议。岗员要参加事故分析会。

三、青年安全岗员每月上岗不少于二十一次，每月汇报隐患不少于十至十五条，汇报隐患少于十条扣除本月岗员津贴，当月不汇报隐患者予以撤换。

四、岗员上岗以查“三违”、查事故隐患，监督安全生产和施工质量为主，对查出的问题要及时处理，安监部门负责“三违”及隐患的处理落实工作。

五、岗员下岗后要及时把当班的安全情况填入隐患汇报本，并向岗长和有关领导汇报。由岗长进行月度汇总报团委。

六、为了调动青年安全岗员工作积极性，每月发放一定比例的安全津贴作为奖励。

七、对岗员在安全生产中作出特殊贡献，提出重大合理化建议和避免重大事故者，要给予通报表扬和奖励。

之八：隐患排查治理报告制度

为了能够及时处理各类隐患，规范区队、班组、个人的安全管理行为，做好安全生产工作，坚决杜绝重大事故的发生，加强安全管理的监督与检查，构建安全生产长效机制，特制定本单位《隐患排查治理制度》。

一、队里成立安全自查自纠领导小组，小组成立以队长为组长的自查自纠领导小组

二、安全隐患自查自纠组织

安全隐患检查、区队隐患检查、入井安全自查自纠工作是区队管理人员的职责，每位管理人员下井，必须带着对工作的责任心，积极检查工作现场，检查施工地点存在的问题。管理人员要对本单位工作区域内的安全生产情况，进行全面细致的检查、自查自纠，隐患必须真实填写，并及时登记建档；负责安排整改闭合管理，每周一次自查自纠活动，并及时填写自查自纠活动记录。

三、安全自查自纠及整改处理

（一）检查人员要对本单位生产区域内的安全生产、通信设备、措施规程贯彻落实情况等进行认真细致检查，对所查出的安全隐患，能够现场处理的，要立即通知所在班组，安排人员立即处理，并落实到责任人；对因条件限制等原因无法整改处理的，及时制定出整改措施，限期整改，并监督整改执行情况与复查，隐患整改完毕由整改人填写记录，复查情况由复查人填写记录，形成闭合管理，促进安全生产。

（二）在安全隐患检查，自查自纠中，查出的重大隐患，现场无法及时整改的，要制定出单项整改措施，限期整改，要有落实与整改，形成闭合管理，促进安全生产。

（三）上级安全检查出的各种隐患，由跟班副队长进行落实责任人进行整改，并把整改情况及时汇报。

（四）上级各部门查出、责令整改的安全隐患、罚款，队内同时进行责任追究，处罚直接落实责任人或责任班组。

之九：班组长安全生产承诺书

作为班长，要勇挑重担。为此，我郑重承诺在以后的工作做到以下几点。

一、转变观念，安全第一，先安全后生产，班组安全好也是我的业绩。确保班组职工安全是我的责任。管安全、制止违章是为班组职工和班组职工的家庭负责，班组职工安全好，我脸上有光，班组职工出事故，我良心有愧。

二、主动学习，虚心学习，不断学习。全面掌握本班组安全生产应知应会，积极认真参加矿、队组织的各种培训。

三、本人决不带头违章违纪，本人决不违章指挥，不把本人违章违纪或违章指挥的处罚和责任转嫁或推卸给班组职工。

四、每班组织开好班前会，班前会不弄虚作假，不走过场，保证每个职工都按时参加班前会，充分利用班前会做好当班安全生产的预警和安排，做好班前会记录。

五、反复强调，来回巡查，确保当班不出现典型违章和一类违章，确保自己身边无“三违”。保证当班职工都整齐穿戴劳保，都随身携带自救器。

六、积极排查隐患，哪里有危险哪里就有我，发现一处，处理一处，隐患不处理不作业，没有安全感不作业，隐患处理不拖不靠不等不打折扣。

七、认真做好本班的“敲帮问顶”（用手镐或钢钎检查巷道顶板和边帮是否存在安全隐患）工作，确保自己对作业范围按规定的程序和时间进行全面的敲帮问顶，确保当班职工都按规定带齐工具，都按程序进行细致的敲帮问顶，确保当班无顶板事故。

八、每班携带合格的便携式瓦斯报警仪入井，保证瓦斯报警仪处于常开状态，保证瓦斯报警仪电量充足，保证瓦斯超限不作业。

九、严格工程质量验收，对不合格的，坚决要求返工，不返工的坚决扣分扣款，做好验收记录，严格按每班的记录分配工资。

十、服从上一级管理人员的指挥和调度，检查人员现场安排的坚决整改并立即完成，严格落实上一级管理人员的工作安排并积极反馈工作进度。

十一、对处罚有异议，严格按程序正当申诉，不无理取闹，不撺掇怂恿班组职工集体停工，带头做好解释宣传疏导工作。不替“三违”行为说情，打掩护，作假证。

十二、和班组职工同上下，验收好最后一道工序方可下班，不提前离岗。

十三、每班携带《质量标准化管理标准》，指导当班安全生产，严格按照表格中规定的程序、标准进行安排、督促、验收当班工作。

十四、对于以上承诺，本人自觉遵守，如有违反，本人愿承担责任和处罚。

单位名称：

班组长签名：

年　月　日

之十：职工安全生产承诺书

作为从事煤炭行业的一名职工，我深刻认识到煤矿生产受到水、火、瓦斯、煤尘、顶板事故的威胁，劳动条件和环境相当复杂，本身潜伏着诸多不安全因素，潜在的危险性大，工作中稍有疏忽，潜在的危险会转化为人身事故。因此，我郑重承诺在以后的工作中做到以下几点。

一、履行岗位安全责任，为企业安全负责、为单位安全负责、为自己安全负责。

二、自觉遵守国家、行业和公司的各种安全管理法律、规章、制度、规定，服从管理，正确佩戴和使用劳动防护用品，与“违章、麻痹、不负责任”三大敌人做斗争，努力做到“不伤害自己、不伤害别人、不被别人伤害”。

三、遵守煤矿安全管理的各项法律、规章、制度、规定，按章操作，不违章作业。

四、遵守煤矿管理的各项法律、规章、制度、规定，积极学习矿井逃生知识，熟悉自救器的使用方法和逃生线路。

五、积极参加安全学习，遵守学习会场纪律，不迟到，不早退，做好学习记录，增强安全意识，提高安全操作技能，干标准活、干放心活，做到身边“无‘三违’、无隐患、无事故”。

六、积极参加公司举办的各种安全培训和安全学习、安全活动、事故应急演练，掌握作业所需的安全生产知识，提高安全生产技能，增强事故预防和应急处理能力。

七、积极参与矿、区队的安全文化建设，努力营造和谐的安全生产氛围，培养良好的工作习惯和安全价值观。

单位名称：

承诺人：

年　月　日

第七章

工会小组的群众性经济技术活动

新时代工会小组的群众性经济技术活动要以“当好主人翁 建功新时代”为主题，广泛深入持久开展多种形式的劳动和技能竞赛；要深化创建“工人先锋号”活动，推进班组建设；要深入开展技术革新、技术协作、发明创造、合理化建议、网上练兵和“小发明、小创造、小革新、小设计、小建议”等群众性经济技术创新活动，为实现高质量发展贡献工人阶级的智慧和力量。

第一节 工会小组劳动和技能竞赛活动

工会小组劳动和技能竞赛活动旨在调动班组职工积极性，促进生产工作的完成，是社会主义制度下充分发挥劳动者的积极性、主动性和首创精神，进行经济建设的一个重要方法。新形势下，工会小组要围绕“建功‘十四五’ 奋进新征程”的主题开展劳动和技能竞赛，通过劳动和技能竞赛，创造和推广新的生产技术和操作方法，发挥劳动者的积极性和创造性，对于提高劳动生产率，提高企业经济效益有巨大的推动作用。

一、工会小组开展劳动和技能竞赛的程序

（一）制定竞赛方案

组织劳动和技能竞赛首先要确定目标、内容、条件、选择竞赛形式，然后再在事先调查研究的基础上制定竞赛方案。

（二）宣传发动群众

要将竞赛方案交职工充分讨论，并利用各种宣传阵地，宣传竞赛的意义、目的和方法，做好思想动员，形成竞赛氛围，确保竞赛方案的顺利实施。

（三）组织实施竞赛

在组织竞赛的过程中，做好竞赛数据的统计，不弄虚作假，及时公布竞赛的情况和成绩，增加透明度，使参赛者人人目标明确，积极参与。各单位按竞赛条款、有关标准和内容，对竞赛实行巡回指导，动态管理，专项自查，特别是对重要条款强化监督检查。对于上级提出的整改意见，要责成专人负责落实，并反馈相关信息。

（四）认真进行总结评比

竞赛目标达到后，要认真进行总结、评比，推广先进经验，激励后进发展。

二、工会小组劳动和技能竞赛工作的新思路

（一）围绕中心抓好策划，进一步夯实劳动和技能竞赛服务经济发展的基础

如何把广大职工的智慧和力量凝聚到企业转型升级这一主题上来，是一个值得探索的问题。抓劳动和技能竞赛活动的开展，要紧贴服务经济发展这条主线不能变，但是只停留在过去抓劳动和技能竞赛就是组织几项技能赛事的做法又显得过于陈旧，不能与经济发展要求相适应。随着企业的经济转型，发挥劳动和技能竞赛的活力和生命力，就是要不断拓宽劳动和技能竞赛领域，丰富劳动竞赛内涵。

（二）立足基层抓好引导，进一步提升劳动和技能竞赛服务经济发展的实效

为了使劳动和技能竞赛贴近基层、贴近职工、符合实际，考虑到基层企业数量多，涉及的岗位技能种类多，以及企业间存在发展差异的诸多实际情况，在组织制定劳动和技能竞赛总体方案时，要把“实”字贯穿始终，要改变过去那种针对某一项工种，发动和组织所有企业参与，竞赛活动搞得轰轰烈烈又热热闹闹的传统做法。虽然这种传统做法确实也曾起到服务企业发展，促进职工间比、学、赶、超的激励作用，但是如今再生搬硬套地采取老做法、老形式、老套路的竞赛模式，已远远不能适应经济发展的需要，难以使劳动和技能竞赛得到有效推进，也不易得到职工的认同。

（三）注重过程抓好落实，进一步发挥劳动和技能竞赛服务经济发展的作用

劳动竞赛是一项系统工程，整个过程涉及很多环节，在开展劳动和技能竞赛中，要特别注重过程管理，落实好每一个环节。在组织实施中要坚持做到“三到位”，即宣传到位、组织到位、奖励到位。首先，要宣传到位。要在社会上营造浓厚的学技能、比技艺的竞赛氛围，引导全社会关注技能人才、尊重技能人才，使广大职工参与竞赛的主动性和自觉性进一步

增强。其次，要组织到位。要按照“多方配合、共同参与”的原则，联合各行业、部门共同开展劳动和技能竞赛、技能大比武，强化劳动和技能竞赛活动的效果。再次，要奖励到位。有效的激励措施是搞好劳动和技能竞赛的最基本保证，也是竞赛的重要环节。在制定每一项竞赛方案时，要将竞赛奖励方式或奖励标准纳入其中，有效激发企业和职工参与竞赛的积极性。

三、工会小组劳动和技能竞赛工作的新定位

（一）要把开展劳动和技能竞赛活动与推动群众性科技创新结合起来

在劳动和技能竞赛中，要增强职工的开放创新意识，增强主人翁的责任感和使命感，尊重职工的首创精神，激发职工的聪明才智，围绕增强企业自主创新能力、提升技术水平、优化产品结构目标，认真组织广大职工广泛开展技术革新、技术协作、发明创造、合理化建议等活动，鼓励职工参与技术创新、管理创新和机制创新，提高新材料、新技术、新设备、新工艺、新产品的开发和应用能力，为建设创新型企业打下坚实的基础。通过评选、推广职工科技创新成果，表彰职工技术创新人才，促进企业创新文化发展，扩大职工的科技创新影响，进一步推进新型工业化进程。

（二）要把开展劳动和技能竞赛活动与提升职工整体素质结合起来

工会是组织职工学文化、学技术的大学校。在劳动和技能竞赛中，工会组织要在培养知识型、技能型、复合型人才上下功夫，把提高职工技术技能素质、促进职工职业发展作为首要任务，开展多种形式岗位练兵、技能培训、技能比武等活动，为职工成长、成才搭建平台，提高职工市场竞争能力。通过劳动和技能竞赛活动的开展，在职工中掀起学技术、比技能、创一流的热潮，建设一支高素质职工队伍，推动经济发展方式向依靠科技创新和提高劳动者素质转变。

（三）要把开展劳动和技能竞赛活动与节能减排结合起来

要按照建设资源节约型、环境友好型社会的要求，把资源节约、环境

保护等理念贯穿于劳动和技能竞赛全过程，紧密结合本企业、本岗位实际，动员组织广大职工以节约、降耗、减排、增效为重点，广泛开展“我为节能减排献一计”合理化建议征集活动，充分发动广大职工围绕企业生产经营的每个环节，找漏洞，查原因，提出针对性的意见和建议，通过开展“我为节能减排作贡献”等活动，引导职工增强节约意识、环保意识，积极改进工艺、设备，大力推广和努力掌握节能降耗、环境保护等方面的先进适用技术。

（四）要把开展劳动和技能竞赛活动与弘扬创先争优精神结合起来

创先争优是时代精神的生动展现，也是激励职工群众建功立业的精神动力，要通过激励广大职工多作贡献、争创一流、争当先进，把创先争优的成果体现到更好地推动发展上来。把劳动和技能竞赛活动与创建“工人先锋号”活动结合起来，与争当劳动模范活动结合起来，围绕“一流素质、一流工作、一流服务、一流业绩、一流团队”目标，深入开展创建“工人先锋号”活动，激励和鼓舞广大职工为推动经济转型升级，为经济发展建功立业。通过开展争当先进，大力弘扬劳模精神，进一步激发广大职工的主人翁责任感和使命感，营造创先争优的浓郁氛围，推动劳动和技能竞赛活动深入开展。

四、工会小组开展劳动和技能竞赛的注意事项

工会小组开展劳动和技能竞赛是班组之间或班组内部开展的竞赛，开展劳动和技能竞赛能激发劳动者的生产积极性和首创精神，从而改进工作，促进生产，提高经济效益。

工会小组劳动和技能竞赛的形式是和竞赛的内容紧密相连的，一般有以下几种劳动和技能竞赛的形式和方法。

（一）根据参加竞赛人数多少，可分为集体赛和个人赛

集体赛就是以班组为单位，或一些比较大的班组再分成几个小组互相开展竞赛。由每个班组各派几个人代表小组参加有关的技术操作夺冠赛以及以质量、设备等为内容的专题攻关赛。具体说来，可分为班组与班组的

对手赛；几个班组对几个班组的“双打”对抗赛；班组内部分档的擂台赛，或在班组生产中树立一个目标，组织组员开展达标夺冠的竞赛。个人赛是在班组内部个人之间开展的，为完成生产任务中的各项经济指标，或为达到某一工作目标的竞赛，比如小指标百分赛、优质高产低耗赛等。班组内部各项生产指标分解后个人之间的评比，也是班组经常采用的竞赛方法。个人赛虽然范围小，但目标明确，在同工种、同业务部门开展，可比性强，气氛也比较热烈。

（二）根据竞赛的内容，可以分为单项赛和综合赛

单项赛指的是在班组内以考核一项指标为主的竞赛。它针对班组某一时期的工作重点和需要，有利于突破生产中某一方面的薄弱环节。比如，钢铁系统的提高轧制不锈钢板成材率赛、纺织系统的万米无疵布赛、建筑系统的浇灌屋顶水箱无渗漏赛、仪表系统的百万点无虚焊赛，等等。单项竞赛对于比赛某单一项目完成的情况有一定的好处，针对性强。综合赛就是在班组内把几项生产指标综合在一起进行考核的竞赛，比如双百分竞赛、优质高产低消耗赛。综合赛考核指标较全面，除了经济指标外，还可将安全及精神文明方面的指标考核进去。考核的内容多，范围广，这就要求竞赛的组织者全盘考虑完成指标的方法、措施，使每个小指标的完成都能达到考核指标的得分。

（三）根据竞赛时间的长短，可以分为长距离竞赛和短距离竞赛

长距离竞赛的竞赛过程时间比较长，一般为半年或一年，其特点是适应范围广，容易与生产实际及提升职工的整体素质相结合，如创文明示范岗竞赛，创文明班组竞赛，争当智力型职工、争创智力型班组竞赛等。短距离竞赛的竞赛时间比较短，一般为一月或一季，其特点是适应范围较广，又能较快地见到成效。由于长距离和短距离竞赛只是时间划分上的差异，所以在实际操作中，可以“长”“短”结合，以“长”化“短”，以“短”促“长”。比如，仪表系统过去不少班组开展“百万点焊接无差错”竞赛，职工要达到这个目标有较大的难度，常常是快要接近一百万点这个目标时，稍有疏忽差错，就会前功尽弃，不少职工的积极性因此受到挫伤，竞赛效果也不理想。后来，不少班组将这个竞赛改长为短，把百万点

分为六十万点、八十万点、一百万点等几个阶梯，使大家有目标地一个阶梯一个阶梯地攀登，提高职工的积极性，使班组质量竞赛取得明显的效果。

（四）根据竞赛目标的难易程度，可分为常规型竞赛和协调型竞赛

要达到劳动和技能竞赛的目标，还有一个难易程度的问题。有些竞赛虽然是单项赛和短距离的竞赛，但因有些班组规模大、人员工种多、技术要求高，班组内部的密切配合、相互协调比较困难，统一指挥更不易，要取得好的效果，需要花很大的力气。特别是一些流水线上多工种却又相互衔接的班组，协调的重要性表现得特别明显。所以，这类竞赛必须在组织协调上下功夫。

随着经济建设的发展、科学技术的进步，工会小组劳动和技能竞赛已经逐渐从体力型转变为智力型，从拼体力、拼设备发展为赛知识、赛技能、赛智慧，在创新、创优、创先上花气力、下功夫。值得一提的是，当前随着青年职工的增加，文化素质的提高，合理化建议活动日益成为竞赛的一项重要内容。许多职工把参加合理化建议竞赛活动看作一项普及、民主，又能最大限度地发挥自己聪明才智的竞赛活动。如上海某钢铁厂开展了一次合理化建议竞赛活动，有80%以上的班组和职工踊跃参加，提出了九千余项合理化建议。在竞赛过程中，不少班组自己提出课题，针对课题提出合理化建议，把个人智力汇集成“智力集束”，通过请专业人员“会试”、先进操作法讲评等生动活泼的形式和方法，使班组合理化建议活动取得了良好的效果。

第二节　工会小组合理化建议活动

合理化建议，指有关改进和完善企业、事业单位生产技术和经营管理方面的办法和措施。工会小组积极开展合理化建议活动是挖掘职工潜能，发挥职工创造力，推进技术进步，促进企业发展的有效途径。合理化建议

必须具有进步性、可行性和效益性。

一、工会小组合理化建议活动的内容

其主要内容包括如下。

1. 工业产品质量和工程质量的提高、产品结构的改进、生物品种的改良和发展、新产品的开发。

2. 更有效地利用和节约能源、原材料以及利用自然条件。

3. 生产工艺和试验、检验方法，劳动保护、环境保护、安全技术、医疗、卫生技术、物资运输、储藏、养护技术以及设计、统计、计算机技术等方面的改进。

4. 工具、设备、仪器、装置的改进。

5. 科技成果的推广，企业现代化管理方法、手段的创新和应用，引进技术、进口设备的消化吸收和革新。

6. 在企业、事业管理的组织、制度、方法和手段等方面提出带有改进、创新因素的办法和措施，经实施后对提高企业素质、管理效能、经济效益或社会效益有明显作用和成效。包括：在管理理论、管理技术上有创见，对提高生产经营管理、科研、教学设计水平，提高经济效益和社会效益有指导作用；在管理组织、制度、机构等方面提出改革办法和改进方案，对提高工作效率和企业、事业单位的应变能力或服务能力有显著效果；应用国内外现代化管理技术和手段，取得经济效益或社会效益。

随着改革的深入和经济的发展，合理化建议的内容和涉及的领域也在不断拓展和延伸。

二、工会小组开展合理化建议活动的程序

合理化建议活动开展的程序，可分为组织发动、申报评审、采纳实施、验收鉴定、奖励推广五个阶段。

（一）组织发动

做好宣传和思想、形势教育，使职工明确主攻方向，了解企业发展近

期目标、远景规划以及生产经营中的难点重点，便于有的放矢地征集职工建议。

（二）申报评审

凡提出合理化建议，须填写申报表，将建议理由、改进办法和措施、预期效果等填写清楚上报，本单位负责合理化建议工作的部门进行分类登记、立案并传送有关部门，由有关部门组织有关专业人员进行可行性分析和价值论证。

（三）采纳实施

由企业合理化建议评审机构决定采纳与否，决定采纳的建议交由有关单位组织实施，或作为技术储备；对未采纳的建议要及时将理由反馈给建议者本人，说明原因，保护建议者的积极性。

（四）验收鉴定

对实施后的项目组织相关部门进行鉴定验收，作出成果的评议结论，确定其创造的价值。

（五）奖励推广

对验收鉴定确认取得效益的项目，经职能部门和财务部门认可后，提出奖励等级，根据建议者的贡献大小给予表彰奖励。凡经验收的合理化建议项目，应及时推广应用成果，有社会价值的成果，应进入技术市场，进行有偿转让。

三、工会小组开展合理化建议活动的要求

（一）企业要提供必要的人力、物力和资金支持

普通职工长期工作在生产第一线，对生产工作中的所有环节甚至细节都了如指掌，有着丰富的操作经验。他们摸索出的经验往往能解决生产工作实际中的大问题。而这些问题又恰恰是专业技术人员难以体会、难以看到又难以顾及的。因此，企业要对能采纳的建议立即付诸实施，提供必要的人力、物力和资金支持，规范合理化建议活动立项、过程管理、奖励、推广等方面的工作，提高群众性合理化活动的针对性和实效性。对一时不

能用的也要向职工解释，做到善始、善待、善终，莫让职工的建议成为“空议”。

（二）规范合理化建议管理制度

要建立合理化建议管理制度，对开展合理化建议活动制订周密的计划，并通过各种形式进行宣传动员。要建立合理化建议活动组织机构，制定合理化建议活动操作方法。在建立职工合理化建议档案、台账、报表等前提下，制定申报评审奖励等一系列相关制度，对活动实行动态管理，常抓不懈。

（三）提高合理化建议活动的有效性

一是每年集中组织开展一次合理化建议月活动。活动的主要目的是加强企业民主管理，动员广大干部职工积极参政、议政，收集技术创新方案、广泛征求干部职工对企业发展、管理、优质服务等工作的意见、建议。对合理化建议及时进行归类立项，并落实责任单位，对评选出的优秀建议和技术改进项目，给予表彰奖励。二是组织开展日常性合理化建议征集活动。设立合理化建议箱，实施日常征集。让职工参与企业的管理。工会对收集上来的建议分类整理，研究其可行性，经有关负责人确认后与实施部门签订实施合同书，并跟踪检查实施情况。三是开展专题合理化建议和“金点子”征集活动。从促进企业民主管理、提升企业管理水平的角度，提出研讨课题，引导和发动广大职工积极为企业的发展献计献策。把合理化建议列入等级管理考核范围，定期提出研讨课题，号召职工踊跃提出合理化建议项目，调动职工提出更多有针对性、有深度的合理化建议，为不断提升企业的经营管理出点子。四是及时兑现奖励。按有关规定，结合企业实际制定出切实可行的合理化建议奖励办法，并做到专款专用，及时按标准和档次足额兑现合理化建议奖。根据公正透明的评审结果，对给企业创造价值的合理化建议给予一定的物质奖励，对职工参与合理化建议活动给予充分的肯定。定期组织开展合理化建议表彰，对提供有价值、得到采纳并为企业创造出经济效益的职工进行表彰，对有突出贡献的职工授予荣誉称号。

（四）加强合理化建议成果的推广应用

企业每年要组织对合理化建议活动立案项目进度检查，根据设立的合理化建议奖励标准，及时实施方方面面的合理化奖励，并对不能及时完成的立项项目责任人实施严格考核，对达不到进度要求的立案项目，工会尽可能全力解决或与有关方面沟通拿出具体意见，避免将矛盾上交。对立项的建议实施后，因工作量大、进度缓慢的情况，要及时征求职工意见，提出改进措施，保证项目顺利完成。合理化建议在评奖的同时，更应该把精力放在生产实践应用上去，甚至把奖励放在合理化建议应用取得效益之后进行，这样，建议是否真正合理，是否真正优秀，也就一目了然。加强对职工合理化建议的有效管理，是调动广大职工参与技术创新管理的重要举措，是推动企业持续向前发展不可或缺的重要因素，应该抓实抓牢抓好。

总之，工会小组开展合理化建议活动，是发扬职工的主人翁精神，激发职工的工作热情，充分发挥职工潜能的有效载体，是企业在激烈的市场经济条件下生存、谋求更大发展的有效途径，也是企业职工展示自我、体现自身价值的舞台。企业应使职工牢固树立“我靠企业生存，企业靠我发展”的理念，通过开展合理化建议活动，群策群力破解生产经营中的各种难题，实现企业和职工的双赢。

第三节　工会小组技能培训工作

素质是立身之基，技能是立业之本。在新一轮科技革命和产业变革浪潮中，技能已成为一国经济增长的重要引擎。产业工人队伍技能提升与人才红利释放、劳动生产率提高、产业转型升级、综合国力提升息息相关。党中央提出要建设知识型、技能型、创新型劳动者大军，进一步加快提升劳动者技能素质，这是产业工人自身成长发展的迫切需要，也是我国实现高质量发展的内在要求。《新时期产业工人队伍建设改革方案》提出，构建产业工人技能形成体系，着力提升产业工人的素质能力，造就一支有理想守信念、懂技术会创新、敢担当讲奉献的宏大的产业工人队伍。因此，新形势下加强职工技能培训尤为重要。

一、工会小组开展技能培训的内容

（一）基础性培训

基础性培训内容包括应知培训和应会培训两个方面。应知培训的内容由“三基”知识、专业知识、外延知识三方面组成。

1.“三基”知识培训

“三基”知识，指基本原理、基本知识、基本计算。基本原理，是指实现各工序过程的原理，相关信息、仪器、工具检测装置的工作原理（包括基本理论）。基本知识，是指与专业相关的基本知识，包括物性知识、工艺知识、操作知识、安全知识等。基本计算，是指本专业工艺过程（或工作过程）中所需的相关技术和工艺参数的运算、成本分析与计算。

2. 专业知识培训

专业知识培训，是一种综合运用“三基”知识的培训。在培训过程中，可根据技术标准中应会的代表性工作实例，进行专业性技术训练，以提高应对多变条件下的适应能力。

3. 外延知识培训

外延知识培训，是在完成专业技能培训的基础上，帮助学员掌握与本专业相关学科知识的培训。

（二）技术等级培训

技术等级培训，是根据国家技术型职业（工种）的职业技能标准而进行的培训。

（三）适应性培训

适应性培训，主要是根据企业技术进步和设备更新的需要，随时进行短期培训，使职工掌握技术进步和新设备所需要的相应技术和技能。

二、工会小组开展技能培训的方式

除了技术等级培训要按照国家有关规定进行外，企业培训的方式比较灵活，可以采取轮训或专题培训等多种形式，每年设一个或多个培训专题，有计划、有步骤、有重点地对职工进行以关键生产工艺和重点专业知识为内容的强化培训。如以应知应会为内容的滚动出题答卷培训，以全员工艺流程比赛、征集事故预想方案、现场单兵教练为内容的系列培训以及模拟特定场景的突发事故、特殊情况演练等专题的强化培训，使职工的理论水平和实际操作技能得到全面提高。

三、工会小组开展技能培训的相关要求

（一）采取多种形式

要根据企业生产经营的实际需要和科研生产的关键、难点，采取多种形式，最大限度吸引职工参加，并及时调整培训重点，不断更新培训内容，紧紧跟踪和反映企业技术进步的要求，不断改善培训手段和教学方法。

（二）要突出技能培训的实用性和实效性

要根据职工发展的需要，力求使职工掌握多种技能，不断提高广大职工适应职业变化的能力，促进职工向知识技能型、技术技能型、复合技能型发展。

（三）要注重有效利用各种培训资源

充分利用工会院校、工人文化宫、职工大学、职工学校、职业技术学校等各种教育培训资源，并与社会力量联合培训，扩大培训规模，提高培训质量。

（四）要充分发挥职工技术协作的作用

利用技术协作部门的组织、人才和阵地优势，在实施国家高技能人才培训工程和技能振兴行动中发挥其作用，建立职工技能实训基地，培养高技能人才，并推动培训和职业资格认证一体化。

四、深入开展职工技术协作活动

职工技术协作（以下简称“技协”）活动为提高职工技术素质、解决企业生产经营中的难题、促进企业技术进步，为履行工会的参与和建设职能发挥了积极作用。

（一）进一步推进职工技协活动的开展

新时代新征程，职工技协工作面临难得的发展机遇，也对职工技协工作提出了更高的要求，并使技协工作面临新的考验。无论是从工会的职能看，还是从职工技协的作用看，在新的历史条件下，职工技协工作坚持宗旨、服务大局、与时俱进、勇于创新，进一步推进新形势下职工技协活动的开展，不仅是“科教兴国”战略实施和提高职工科技文化素质，促进企业技术进步的客观需要，而且也是新形势下工会组织的一项十分重要和必要的工作。

1. 职工技协活动是中国特色社会主义工人运动的一项重要内容

工会在我国是一个重要的社会团体，它既要当好党和政府联系群众的纽带和桥梁，维护职工的具体利益、竭诚服务职工群众，又要围绕党的中心工作服务大局开展工作。工会的维护、参与、教育和建设职能是我国工人运动的历史经验和实践总结。实践证明，职工技协组织作为技术培训和技术攻关、技术开发、技术创新的一支重要力量，无论是在提高职工技术素质，还是在为企业解决技术难题推动企业技术进步和经济发展方面，都有着不可替代的作用。因此，在目前发展社会主义市场经济和加快科技创新的新形势下，职工技协工作不是要不要搞的问题，而是应当作为中国特色社会主义工人运动的一项重要内容，长期列入工会小组工作的重要日程，并使之得到进一步加强和改善。只有这样，工会组织的维护和参与职能，才能在新形势下通过职工技协组织和群众性技术活动的形式得到进一步体现。这不仅是国家科技进步及社会经济发展的需要，而且是工会小组义不容辞的责任。

2. 职工技协活动是党的群众路线在科技工作中的体现和社会经济发展的客观需要

当前，全党和全国人民正在按照党的二十大确定的以中国式现代化全面推进中华民族伟大复兴的宏伟目标努力奋斗，在这种新形势下，各级工会应继续通过职工技协组织的形式，教育和引导广大职工进一步认清形势，振奋精神，把智慧和力量凝聚到实现中华民族伟大复兴的奋斗目标上来，为推动技术进步，促进技术成果向现实生产力转化和提高职工技术素质，推进工人阶级知识化进程等方面作出新的贡献。在当前经济社会和科技进步迅猛发展的时代中，任何一种科学技术只有实现科技成果到生产的转化，才能变为现实生产力，实现其技术和经济的价值。全心全意依靠工人阶级、走群众路线，是我们党的一贯方针，依靠这个方针，我们党战胜了种种困难，取得了经济建设和社会发展的巨大成就。因此，在技术工人特别是高技能工人短缺已成为我国经济发展的制约因素的情况下，工会组织通过职工技协的形式把职工中的技术骨干组织起来，进一步大力开展以技术攻关、技术比赛、技术培训等为主要内容的群众性技术活动，提高劳动者素质，促进企业技术进步，这也是工会小组最基本的优势。

（二）加强和改善工会小组技协工作的对策

为使职工技协工作能够适应形势发展的需要，在新形势下继续作为工会小组履行参与和建设职能的有效形式和途径，为提高职工技术素质和促进企业技术进步发挥应有的作用，建议上级工会解决好以下问题。

1. 坚持宗旨、突出职能，围绕中心、服务大局，及时调整职工技协的工作重点

职工技协工作一直围绕着党和国家的中心任务，围绕着工会工作的重点工作，围绕着企业和职工群众的迫切需要开展活动，为实现党和国家各个历史阶段的中心任务作出了应有的贡献。工会小组技协工作的重点应适应形势的变化需要，继续发扬光荣传统，将职工技协的工作重点逐步调整到开展技术培训、技术比武、技术攻关和合理化建议等以提高职工技术素质为主的群众新科技活动方面上来，使职工技协工作能够在促进与实现工会小组工作上台阶和全面建成社会主义现代化强国的伟大实践上有新作为。

2. 进一步提高对工会小组技协工作的认识，切实加强对新形势下工会技协工作的领导

近年来，由于工会工作重点的转移，部分工会小组出现了对职工技协工作重视不够的问题。有的工会小组技协工作的组织和人员不落实；有的将技协组织与其他经济实体合并；还有的只重视技协的经济活动，忽视了群众性技术活动的开展等。从总体情况看，出现这些问题的主要原因是有的工会小组没有将技协工作作为工会工作的一部分列入日程，与工会小组其他工作一样统一部署、统一考核，造成了技协工作与政府有关部门的工作关系不够顺畅，一些专业会议和活动不能参加，一些工作任务无法落实，以及缺乏必要的信息渠道等，影响了职工技协工作水平的提高和职能的发挥。职工技协工作是工会工作的有机组成部分，进一步加强对工会技协工作的领导，是推进新形势下职工技协工作的关键。工会小组应把职工技协工作纳入工会全局工作的议事日程，做到技协工作与其他方面工作一样同步安排、同步检查、同步考核、同步总结，为职工技协活动的正常开展提供良好的环境和组织保证。

综上所述，不难看出，在当前知识经济带来的新技术革命和加强技术创新、加速科技成果向现实生产力转化的新形势下，职工技协活动应作为工会小组履行建设职能的一种有效形式和途径，其工作应该得到进一步加强和改善。只要企业行政领导重视和切实加强领导，及时为其解决工作中的困难和问题，职工技协工作必将在促进与实现工会小组工作再上新台阶和全面建成社会主义现代化强国历史进程中作出新的贡献。

第四节 深入开展创建“工人先锋号”活动

深入开展创建“工人先锋号”活动，是推进“建功‘十四五’奋进新征程”劳动竞赛活动的重要抓手，是依靠主力军、建设主力军、发展主力军的重要举措，也是坚持中国特色社会主义工会发展道路的具体体现。

工会小组要充分认识开展创建“工人先锋号”活动的重要意义，组织引导广大职工积极投身到创建活动中来，通过创建活动激励职工立足本职、勤奋工作、学赶先进、争创一流，充分展示工人阶级在推进经济社会发展中的主力军作用和主人翁风采。

一、创建“工人先锋号”活动的总体要求

创建“工人先锋号”活动的总体要求是：以依靠主力军、建设主力军、发展主力军为目标，以发展先进生产力、促进社会进步、服务人民群众为重点，以创一流工作、一流服务、一流业绩、一流团队为内容，以发挥榜样激励作用、争创先进团队为途径，使“工人先锋号”成为引领职工发扬工人阶级优良传统，发挥工人阶级主力军作用，促进社会和谐稳定的旗帜；成为引导职工立足本职、爱岗敬业，刻苦学习、忘我工作，不断进取、甘于奉献的载体；成为全国统一、长期坚持、职工认可、影响广泛的劳动竞赛活动品牌。

二、创建“工人先锋号”活动的具体要求

创建“工人先锋号”活动是打造工会工作品牌的一项重大活动，需要全会上下齐心协力共同推进。

（一）加强领导，落实责任

要将创建活动列入重要议事日程，思想上高度重视，组织上加强领导，工作上落实责任，在提升创建水平、打造工会品牌上狠下功夫，不断扩大“工人先锋号”的效果和影响。要按照讲求实效、科学指导的要求，坚持在继承中创新、在创新中发展。要采取有效措施，加大工作力度，坚持以点带面、整体推进，使创建活动全方位、多领域、深入扎实地开展。

（二）精心组织，积极推进

要结合本地区、本行业的实际，掀起创建“工人先锋号”活动的高潮。要精心制定创建方案，认真落实创建规划，有计划、有步骤地全面推进创建活动。要拓宽创建领域，深化创建内容，创新创建方式，增强创建

效果。要深入基层，加强调查研究和分类指导，善于发现典型，及时总结推广先进经验。

（三）坚持条件，层层推荐

要按照“工人先锋号”的条件和申报程序，认真做好推荐申报工作，严格审核把关，不搞平衡照顾。要完善考核和激励机制，加强检查指导，不断提升“工人先锋号”的质量和水平。

（四）广泛宣传，扩大影响

创建“工人先锋号”活动，重在创建过程、重在群众评价、重在保持荣誉、重在社会影响。要把选拔“工人先锋号”的过程，作为学习宣传“工人先锋号”，激励广大职工为现代化建设作贡献的过程，从而吸引更多的职工积极投入到创建活动中来。要通过各种媒体对创建活动进行集中宣传报道，以形成浓厚的创建氛围。

三、“工人先锋号”的授予对象和基本条件

“工人先锋号”的授予对象是：企业、事业单位、机关、社会组织及其他组织所属的部门。

“工人先锋号”授予的基本条件如下。

1. 坚持以科学理论为指导，认真执行党的路线方针政策，自觉遵守国家法律法规和各项规章制度，注重加强思想作风和业务素质建设，有强烈的主人翁责任意识、良好的职业道德和较高的技能水平。

2. 坚持与时俱进、开拓创新，工作深入扎实，管理科学民主，牢固树立技术创新意识和节能环保意识，积极总结推广先进经验，工作效率、管理水平和创新能力居同行业领先水平。

3. 坚持文明、优质、诚信的服务理念，积极开展服务创新，不断提高服务质量，努力为客户提供热情周到、规范满意的服务，社会满意度和公众认可度高，服务技能和服务质量居同行业领先水平。

4. 坚持开展各种争先创优活动，工作成绩突出，经济效益和社会效益显著，无人身伤亡和重大质量、设备事故，在发展先进生产力、促进社会

进步、服务人民群众等方面作出了积极贡献。

5. 坚持以人为本、全面协调可持续发展，具有积极进取、奋勇争先，团结协作、和谐共进的团队精神，职工积极性充分发挥，团队凝聚力强、影响力大，职工信赖，公众认可。

基层工会要以高度的责任感和使命感，推动创建“工人先锋号”活动的深入开展。企业职工要积极投身创建活动，立足本职岗位，创造一流业绩，为全面建成社会主义现代化强国的宏伟目标而努力奋斗！

【案例1】

××公司小指标劳动竞赛经验分享

——保平稳运行　促降本增效

一、完善机制，提高劳动竞赛科学性

1. 制定活动方案，确保竞赛活动。分工会制定了小指标劳动竞赛活动方案，确定了竞赛主题、成立了竞赛小组，确保竞赛活动能够安全、高效、有序地开展。

2. 创新奖励机制，提高参赛热情。分工会不断创新竞赛载体和奖励方式，努力提高职工参与竞赛活动的积极性。采取鼓励装置二次分配以及季度专项奖励，集中对劳动竞赛优胜班组给予奖励。

二、拓宽内容，增强劳动竞赛针对性

1. 围绕提高职工业务素质开展劳动竞赛、技术比武等活动，激发职工学业务、学技术的热情。

2. 围绕重点工作开展竞赛活动。分工会紧紧围绕部门中心工作，指导各装置针对性地制定不同竞赛主题，锅炉装置“提升锅炉供汽平稳合格率小指标竞赛”、汽机发电装置“汽轮机长周期运行小指标竞赛”、污水处理装置“蒸发结晶盐硝产出率”等各具特色的劳动竞赛活动。

3. 围绕提高部门效益开展竞赛活动。以人才培养、节能降耗、职工素质提升为目标开展竞赛活动。

(1) 开展污水装置“全员隐患大排查”活动，对在活动中取得优异名次的职工给予“排雷手”称号，有效地提高了职工生产的积极性。在药剂线堵塞疏通处置中，各班各显神通，一班摸索出经常堵塞部位及规律，二班摸索出预冲洗延长堵塞经验，三班摸索出加软管临时替代，四班摸索出堵塞快速疏通经验，很好提升了水质达标率。

（2）大力开展“合理化建议”活动，对工艺技术规程、操作法，对检修隔离措施、现场操作平台，对可改进优化的逻辑、联锁、报警值等提出了合理化建议。

三、全员参与，确保劳动竞赛积极性

分工会通过工艺管理定期培训、技能大师工作室定期辅导相结合的方式，努力增强职工的创新意识。污水处理装置利用技术管理人员、技能大师走上讲堂讲授如何调整生化池溶解氧，如何根据水质调整几套预处理高密池的加药量，如何控制膜用药剂投加量延长化学清洗周期。

“师带徒”“三帮一”助力青工成长计划助力职工成长。坚持在授课内容上进一步融入实践经验，真正把理论知识与实践经验结合到一起，进一步提高理论指导实践的能力。

分工会将不断创新竞赛主题，创新活动方式，扎实开展各具特色的劳动竞赛活动，更好地带领部门全体职工为公司作出新的更大的贡献。

【案例 2】

××市××职业教育中心关于开展“建功‘十四五’奋进新征程”2022 年网上劳动和技能竞赛活动实施方案

为深入贯彻落实《××市总工会关于开展“建功‘十四五’奋进新征程”2022 年××市网上劳动和技能竞赛活动的通知》文件精神，按照市总工会工作要求，组织动员全校广大教职工在全力推进“双优”学校建设目标中献计献策、建功立业，助力学校高质量全面发展，经学校党委同意，决定在全校开展“建功‘十四五’奋进新征程”劳动和技能竞赛活动，特制定本方案。

一、目标任务

以习近平新时代中国特色社会主义思想为指导，认真贯彻落实习近平总书记重要讲话精神，组织动员全市广大职工广泛深入开展劳动竞赛和技能竞赛活动，增强职工创新创造能力，大力弘扬劳模精神、劳动精神、工匠精神，营造劳动光荣的社会风尚和精益求精的敬业风气，充分运用互联网创新劳动和技能竞赛，以“建功‘十四五’奋进新征程”为主题，激发职工创新创优创效活力，形成“比、学、赶、帮、超”氛围，建设知识型、技能型、创新型劳动者大军，为推动“双优”学校项目建设、谱写学校高质量发展新篇章作出积极贡献。

二、组织机构

主办单位：××市××职业教育中心

承办部门：××市××职业教育中心工会

协办处室：××市××职业教育中心党政办公室

××市××职业教育中心教务处

××市××职业教育中心德育处

××市××职业教育中心总务处

××市××职业教育中心信息技术处

××市××职业教育中心团委

××市××职业教育中心关工委

××市××职业教育中心各工会小组

三、竞赛组织委员会

组委会主任：×××

副主任：×××、×××

成员：×××、×××、×××、×××

竞赛组委会下设工作委员会主持竞赛日常工作。

四、竞赛主题

建功“十四五”奋进新征程

五、时间安排

2022 年学校劳动和技能竞赛活动从 4 月份开始至 9 月底结束。

1. 部署启动阶段（4 月）：调研谋划、制定方案、下发通知、部署启动等。

2. 集中实施阶段（5—8 月）：举办校级教师教学能力比赛和专业技能

竞赛，各教学部积极组队参赛。

3. 总结阶段（9月）：学校工会全面总结竞赛活动情况并汇总上报。

六、竞赛内容

1. 组织开展多层级劳动和技能竞赛。以××市“巴渝工匠”职业技能大赛和教师教学能力竞赛为统领，围绕“双优”学校项目建设和全校汽修、旅游、数控、电子、学前等重点专业设计竞赛内容，分层级组织开展劳动和技能竞赛，助力学校专业高质量发展。全力以赴开展全校教师教学能力竞赛和汽修、旅游、数控、电子、学前等专业的教师职业技能竞赛，选拔精英参加市级教师教学能力大赛和市级“巴渝工匠”职工职业技能大赛；组织开展校级职工职业技能竞赛，为广大职工切磋技艺、提高技能水平创造条件、搭建平台。

2. 组织开展职工创新成果评比大赛。以技能大师工作室、职工创新示范岗为依托，以职工“五小”创新成果评比为主要形式，切实解决学校在技能教学工作中遇到的重点和难点问题，逐步形成“以技能大师为带头人、以专业教师为主力、以教学工作岗位为阵地”的学校创新工作体系。通过评比活动推动学校专业技术技能进步，进一步增强学校核心竞争力。

七、评比表彰

对竞赛活动中的先进集体和个人给予表彰奖励。

1. 网上劳动竞赛先进集体。

由××市××职业教育中心竞赛组委会进行评审并结合网上竞赛展示等情况，报学校党委审定后，表彰网上劳动和技能竞赛先进集体3个，其中：一等奖1个，颁发奖牌1个和奖金2000元；二等奖1个，颁发奖牌1个和奖金1500元；三等奖1个，颁发奖牌1个和奖金1000元。

2. 个人之星评审标准及奖项设置。

竞赛设月度、季度、年度“劳动之星”“技能之星”“创新之星”“服务之星”。

其中学校月度“劳动之星”设2个；“技能之星”设5个；“创新之星”设2个；“服务之星”设1个。

3. 教学能力和技能竞赛按照比赛项目设置奖项情况如下：

比赛项目参赛人数5至7名设一等奖一名，二等奖一名。

比赛项目参赛人数在8至10名设一等奖一名，二等奖一名，三等奖一名。

比赛项目参赛人数在11名至16名的设一等奖一名，二等奖一名，三等奖二名。

比赛项目参赛人数在17名至25名的设一等奖一名，二等奖二名，三等奖三名。

对获得竞赛个人奖的，由学校竞赛组委会颁发获奖证书。

4. “五小”活动展示奖

“五小”活动展示，分为五个类别（小发明、小创造、小革新、小设计、小建议），学校根据职工的“五小”活动，推荐优秀成果进行展示，组委会评比“五小”活动展示奖各1项。

5. 学校个人之星评审条件参照2022年××市网上劳动和技能竞赛活动个人之星的评审条件，学校网上劳动竞赛先进集体参照2022年××市网上劳动和技能竞赛先进集体评分细则，各比赛项目的奖励评分细则由比赛项目所在的教学部结合实际情况自行确定后报学校竞赛组委会同意即可。

6. 对获得教学能力、技能竞赛、“五小”活动展示奖、个人之星奖励的教职工，学校将在评先选优、晋职晋级、年度考核等方面加分，并按评审条件优先推荐到县总工会进行相应的个人之星评选。

八、有关要求

1. 提高站位，强化领导。各处室、教学部要主动担当，把开展劳动和技能竞赛摆上重要日程，加强研究筹划，特别是教师教学能力大赛和学校汽修、旅游、数控、电子、学前等专业要结合实际，制定切实可行的竞赛实施方案。

2. 突出重点，讲求实效。各处室、教学部要从实际出发，根据专业竞赛内容制定竞赛方案，开展职业技能竞赛。要加强职工技术技能大练兵，保证竞赛活动有序有力开展。

3. 加大激励，搞好宣传。竞赛活动采取网下开展、网上展示相结合的方式进行，要将技能提升、竞赛过程、竞赛效果、“五小”活动、先进典型进行网上展示。各处室、教学部要在动员职工网上参与竞赛活动的同时，积极动员广大职工关注竞赛活动网上情况，开展互动、点赞，扩大竞赛活动参与面和知晓度。职工及网友互动的点赞数、单位劳动和技能竞赛页面的热度作为考核评审的重要参考指标。广泛宣传开展劳动和技能竞赛的重要意义，宣传追求卓越、精益求精的工匠精神，宣传竞赛活动中涌现出来的先进典型，营造良好的活动氛围，充分调动单位和职工参赛积极性。及时总结提炼开展劳动和技能竞赛的成功经验，推出一批在劳动技能竞赛中成绩突出的劳动之星、创新之星、技能之星、服务之星，广泛宣传、扩大影响，充分发挥先进典型的示范引领作用。

××市××职业教育中心工会

二〇二二年四月十八日

【案例3】

××集团公司工会小组劳动和技能竞赛管理条例（样本）

一、工会小组劳动和技能竞赛总体管理

（一）劳动和技能竞赛时间要求

1. 各班组每月组织不少于一次劳动和技能竞赛活动。

2. 分公司级劳动和技能竞赛活动每季度组织不少于一次。

3. 公司级劳动和技能竞赛每年不少于一次。

（二）劳动和技能竞赛活动的开展形式

劳动和技能竞赛活动的开展主要以技术大比武、岗位练兵、师傅带徒、各类知识竞赛以及技术交流、考试等形式组织进行。

（三）具体要求

1. 公司级。(1) 公司级劳动和技能竞赛由党政办公室牵头组织。(2) 制订竞赛计划、竞赛方案并组织实施，推动整个事业部的劳动竞赛工作的开展。

2. 分公司级。(1) 分公司级劳动和技能竞赛活动由分公司工会具体负责，分公司级劳动和技能竞赛根据事业部计划编制本部门的计划，制定竞赛方案并组织按照计划、方案实施。(2) 分公司级竞赛活动计划不能偏离

事业部活动计划主题，分公司级竞赛计划要以纸版形式下发至班组进行学习和执行。(3) 分公司级劳动竞赛每季度至少安排一次，且活动时间每次不少于一小时。要求班组成员、分公司管理人员全面参与。

3. 班组级。(1) 班组级劳动和技能竞赛活动由各班班组长负责，根据分公司级活动计划组织班组人员展开竞赛活动。(2) 活动主题不能偏离分公司级活动计划，由分公司专业技术管理人员及各处室专业管理人员全面配合参与，各班组每月最少组织一次竞赛活动。

(四) 练兵记录

要求班组、分公司、公司组织开展劳动和技能竞赛，必须有计划、制定竞赛方案、组织实施、竞赛总结，各级做好计划、方案、总结的保存，并按月、按季度装订成册。

(五) 注意事项

1. 劳动和技能竞赛活动作为分公司一项重要的基础管理工作，将其纳入分公司绩效考评范围内，充分体现奖勤罚懒、奖优罚劣的分配原则，班组级劳动和技能竞赛活动纳入班组绩效考评内，也按照奖勤罚懒、奖优罚劣的分配原则进行绩效考核。

2. 各职能处室积极参与各分公司（中心）组织的劳动和技能竞赛活动，帮助和指导各分公司（中心）劳动和技能竞赛活动的开展，将分公司级劳动和技能竞赛活动纳入事业部绩效考核内，体现达到此项活动不断推进的目的。

二、班组“每日一题”管理

(一) “每日一题”答题卡各分公司班组必须正反面打印出来使用，严禁浪费纸张。

(二) “每日一题”各分公司班组成员要认真对待，出题范围包括“安全环保知识、操作规程、工艺设备知识、异常情况、事故案例、经验交流、各种管理制度规定、危害辨识、应急预案、设备原理、消防知识、合理化建议讨论、操作技能的优化、职工思想道德建设”等方面的知识。出题人员可依据以上项目合理出题，题目要严谨，避免重复出同样的问题。

（三）本着互相学习、增进交流，本着对本人负责和对他人负责的原则认真对待，不可应付差事。对于范围广的题，出题班组可以告知答题班组范围。

（四）“每日一题”四班三运转班组每天中班负责出题、每天晚班负责答题。四班两运转班组每天白班负责出题、夜班负责答题。

（五）出题人员、答题人员必须写明年、月、日、班次。出题和答题人员必须签名。字体要工整，条理要清晰。

（六）分公司各级管理人员要及时督促，检查，要纳入车间绩效考核范围之内。也可纳入车间每周、每月班组建设检查中。

（七）分公司技术员每周对班组“每日一题”答题卡进行检查、批阅、汇总，提出意见并签字，每月装订成册，每年汇编、总结。

（八）分公司技术员每周对“每日一题”答题卡上面班组成员存在共性的、疑难问题在班组交接班会议上或者在每月职工大会上给予解答。

（九）“每日一题”由所在车间技术组负责做好归档保存，保存期限为一年。

第八章

工会小组的“职工小家”建设工作

“职工之家”建设是工会组织基层建设的重要内容，是凝聚队伍，鼓舞和提高广大职工士气的重要手段，也是广大职工进行物质和精神生活的重要园地。工会小组唯有围绕调动职工积极性、主动性和创造性，开展“职工小家”建设，提高队伍整体素质，才能真正实现职工“有家可当、有财可理、有责可负、有处可去”，也才能为企业圆满完成各项生产任务和促进企业持续健康发展提供坚实的保障。

第一节　开展职工之家建设的重要性

基层工会直接面向职工、服务职工，是工会工作的基础和关键。把基层工会建设成为职工群众信赖的“职工之家”，是工会组织深化改革创新、充分发挥桥梁纽带作用的重要途径。我们要积极顺应新时代新要求，全面推进职工之家建设，不断增强工会的组织力、凝聚力、影响力。

一、深入贯彻落实习近平新时代中国特色社会主义思想，深刻认识新时代职工之家建设的重要意义

在改革开放和社会主义现代化建设新时期，党中央提出工会要建设成为职工群众信赖的职工之家。邓小平同志在1978年10月召开的中国工会九大讲话中指出：“工会组织都必须密切联系群众，使广大工人都感到工会确实是工人自己的组织，是工人信得过的、能替工人说话和办事的组织，是不会对工人说瞎话、拿工人的会费做官当老爷、替少数人谋私利的组织。”此后，中央多次提出，工会一定要从自己是党领导下的群众组织这个特点出发开展工作，工会组织和工会干部要真正成为“职工之家”“工人之友”。

进入中国特色社会主义新时代，以习近平同志为核心的党中央对工会工作，包括职工之家建设十分重视和关心，作出一系列重要指示和重要部署。2012年12月，党中央提出“要不断增强工会组织的创造力、凝聚力，努力把工会建设成为深受职工群众信赖的学习型、服务型、创新型职工之家”。2013年4月，习近平总书记同全国劳模代表座谈时强调，让职工群众真正感受到工会是“职工之家”，工会干部是最可信赖的“娘家人”。要把竭诚为职工群众服务作为工会一切工作的出发点和落脚点，全心全意为广大职工群众服务。2015年4月，习近平总书记在庆祝“五一”国际劳动节暨表彰全国劳动模范和先进工作者大会上发表重要讲话，进一步强调，

让职工群众真正感受到工会是“职工之家”，工会干部是最可信赖的“娘家人”。2018 年 10 月，习近平总书记在同全总十七届领导班子成员集体谈话时强调，要让职工群众真正感受到工会是职工之家，工会干部是最可信赖的娘家人、贴心人。习近平总书记对职工之家建设的系列重要指示可谓语重心长、关怀备至，为我们做好新时代工会工作、深化职工之家建设提供了根本遵循。建设职工之家关键是深入职工群众、为职工说话办事，使工会成为职工信得过、可依赖的自己的组织。在全党全国各族人民迈上全面建设社会主义现代化国家新征程、向第二个百年奋斗目标进军的关键时刻，习近平总书记在党的二十大报告中明确提出，深化工会、共青团、妇联等群团组织改革和建设，有效发挥桥梁纽带作用。这为新时代工会工作发展指明了方向。

建设职工之家是由工会的性质和地位、工会所承担的历史使命所决定的，它关系到维护好、实现好、发展好广大职工的根本利益，更关系到不断巩固和发展党长期执政的阶级基础和群众基础；工会建设职工之家、工会干部成为职工“娘家人”“贴心人”，最重要的是必须坚持以职工为中心，始终心系职工、深入职工，积极维护职工权益，竭诚为职工服务，为职工所信赖；职工之家建设必须深化改革创新，提升服务能力，始终保持正确的政治方向。

二、当前职工之家建设中存在的突出问题

当前，职工之家建设面临新形势新任务。面对世界百年未有之大变局和实现中华民族伟大复兴的战略全局，做好新时代工会工作意义重大。新时代工运事业和工会工作面临新的机遇和挑战，改革发展稳定任务之重前所未有，矛盾压力风险挑战之多前所未有，多元思想文化交流交融交锋前所未有，工人阶级结构发展变化之大前所未有。这些年来，各地工会工作，特别是建家工作得到了长足发展，但还存在许多亟待解决的问题和不足。随着我国进入新发展阶段，企业和社会组织形式、产业结构等呈现新的特点，职工队伍结构、就业形态、劳动关系、利益诉求等发生深刻变化，职工之家建设与形势任务的要求和职工群众的期盼还有较大差距。主

要表现在以下几个方面。

一是思想上重视不够。一些地方工会对建家工作的全局性、综合性、重要性认识不到位，部分企事业单位对工会工作不够重视，没有把职工之家建设摆在应有位置，指导督导不力、措施办法不多。

二是认识上概念模糊。一些基层工会对职工之家建设存在认识上的误区，认为职工之家就是职工学习交流、娱乐健身、开展文体活动的场所，认为建家就是建活动场馆、建阅览室、建职工书屋等，忽视了建家工作的本质要求，对思想引领、民主管理、权益维护等工会主责主业关注不够，建家简单化、形式化、娱乐化倾向明显，存在重硬件、轻软件，重形式、轻内容等问题。

三是模式上有待改进。目前职工之家建设主要集中在传统领域，对新经济组织、新社会组织以及流动分散的新就业形态劳动者、农民工等群体延伸不够。工会活动的内容方式与职工群众多样化的需求不相适应，部分基层工会仍然简单沿袭传统工作模式，运用互联网、大数据等服务职工的思路不够开阔、形式不够新颖、载体不够丰富。

四是质效上亟待提升。基层工会组织制度工作机制存在落空落虚现象，工会会员代表大会、民主选举、会员评家、企业民主管理等相关制度落实不到位，程序不规范，“两会合一”、指定工会主席候选人、不按期换届、会员评家不能及时开展等问题还较普遍，基层工会职工之家建设服务职工作用发挥不明显。

五是体制上需要完善。目前，大部分基层工会未配备专职干部，兼职工会干部往往身兼数职，精力有限，履职能力也不高，工会组织未发挥应有作用。上级工会对建家工作还存在指导不精准以及形式主义等问题，基层工会面临的“缺人、缺钱、缺阵地”现象未得到改变。

这些问题和不足制约了新时代职工之家的建设和发展，影响到基层工会组织桥梁纽带作用的发挥，必须引起高度重视，努力加以改进和解决。

三、增强组织力、凝聚力、影响力，做好新时代建家工作

新时代职工之家建设，要认真学习贯彻党的二十大和二十届二中、三

中全会精神，深入贯彻落实习近平总书记关于工人阶级和工会工作的重要论述，以落实“三个着力”为遵循，紧紧抓住增强政治性、先进性、群众性这一主线，牢牢把握时代主题，坚守一切为了职工、一切依靠职工的建家初心，坚持依法建会、依法治会，以职工满意为标准，把握建家规律，明晰建家思路，找准发展方向，不断增强工会组织力、凝聚力、影响力，充分发挥桥梁纽带作用，推动新时代工会工作高质量发展。

（一）提高政治站位，强化组织领导

要深刻领悟“两个确立”的决定性意义，进一步增强“四个意识”、坚定“四个自信”、做到“两个维护”，坚决贯彻落实习近平总书记关于工人阶级和工会工作的重要论述精神，站在巩固党执政的阶级基础和群众基础的政治高度，把推进职工之家建设作为一项长期性、基础性、战略性任务，形成大抓基层的鲜明导向。要增强建家强会、建家兴会的责任感使命感，切实加强组织领导，配好工作力量，形成一级抓一级、层层抓落实的有利局面。要紧紧围绕服务党和国家工作大局开展工作，积极融入党领导下的社会治理大格局，坚持党建带工建、工建服务党建，推动职工之家建设纳入党建工作的重要内容，做到组织、工作、阵地、队伍、活动、资源统筹安排，实现同部署、同检查、同落实。

（二）把握建家要义，突出服务职工

把工会建设成为职工信赖的职工之家，是对工会的基本要求。工会要坚持以职工为中心，把增进民生福祉、维护职工合法权益作为一切工作的出发点和落脚点，同时在发展基层民主、参与社会治理、维护社会安全稳定等方面发挥独特作用。要强化基层工会功能，突出服务职工，特别关注新就业形态劳动者、农民工、城市困难群体等，推进“会、站、家”一体化建设，切实为职工解决好“关键小事”，在“最可信赖”下真功夫，在增强“三性”下真功夫，让职工群众真切体会到家的关爱和温暖。要不断完善劳动三方协商机制、集体协商和集体合同制度、劳动争议调解制度，健全以职工代表大会为基本形式的企事业单位民主管理制度，保障职工知情权、参与权、表达权、监督权，保障职工民主政治权利，组织职工依法有序参与民主管理。要大力弘扬劳模精神、劳动精神、工匠精神，推动深

化产业工人队伍建设改革，团结引领广大职工群众心往一处想、劲往一处使，在以中国式现代化全面推进中华民族伟大复兴进程中发挥主力军作用。建设职工之家要注意明确其关键指标、核心要素和界限范围，避免概念泛化、流于形式。要按照“党政所需、职工所急、工会所能”的原则，对照职工的新需求、新期待、新向往，从硬件、软件两个方面不断赋予建家新内涵。要积极推进职工之家服务阵地建设，明晰服务职责、规范管理制度、完善运行机制，把基层工会建设成为职工思想教育的课堂、维护职工合法权益的阵地、帮扶服务职工的平台、技能素质提升的基地、职工文体活动的中心，建设成为组织健全、维权到位、工作规范、作用明显、职工信赖、辨识度高的名副其实的职工之家，不断增强会员对工会的认同感、归属感和黏合度。

（三）创新工作方式，丰富建家载体

职工之家建设是一个动态过程，必须着眼于时代发展要求与时俱进，体现时代性、把握规律性、富于创造性，使建家工作永远保持旺盛生命力。要创新建家工作模式，适应“三新”（新产业、新业态、新商业模式）领域和新就业群体迅猛发展的形势，积极探索建设共享职工之家、区域（行业）职工之家、联合职工之家等，解决建家供给不足、力量薄弱问题，充分调动社会力量，借助社会资源，延伸新时期工会服务职工手臂，激发基层工会组织活力。要创新服务职工的理念和方式，以基层工会组织和会员实名制为基础，建设网上职工之家，推进“互联网+”工会普惠性服务，运用“互联网+”重塑工会工作流程，降低职工参与门槛，让职工随时能够在网上找到工会、享有更多工会服务，打通联系服务职工的“最后一公里”。要积极开展模范职工之家创建活动，建立完善各级模范职工之家动态评估管理机制，探索建立基层工会兼职干部履职补贴制度，推动将职工之家建设情况与基层工会经费补贴、评选表彰等相结合，增强建家内生动力，使职工之家常建常新。

（四）完善保障措施，加强分类指导

要加大向基层倾斜资源力度，坚持眼睛向下、面向基层，推动工会工作重心下移，做到力量配备、服务资源向基层倾斜，着力解决基层工会任

务重、人手少、经费不足等实际问题。要强化对工会干部的教育、管理、监督，完善联系职工群众的制度机制，建立完善基层工会联系点制度，以工会干部赴基层蹲点为牵引，引导工会干部经常深入基层一线、密切联系职工群众、加强调查研究、推动解决问题，加强对基层工会的指导服务。要壮大基层工会干部力量，加强工会积极分子和志愿者队伍建设，积极稳妥推进社会化工会工作者队伍建设，加强对基层工会干部教育培训，努力打造信念坚定、政治过硬、能力突出、作风优良的基层工会干部队伍。要突出重点分类指导，以“六有”为基准，因地制宜，有针对性地制定各类基层工会建家工作内容要求和评价标准，不搞“一刀切”“大水漫灌”，有步骤、分层次推动职工之家建设提质扩面，实现由粗放型向精细化方向转变。

（五）典型示范引领，做实叫响品牌

要加强舆论宣传，通过报刊、网站、微博、微信等媒介，广泛宣传党的二十大和二十届二中、三中全会精神，宣传党中央和习近平总书记关于工会工作的重要指示精神和对广大职工的重视关怀，团结引领广大职工坚定不移听党话、跟党走，更紧密地团结在以习近平同志为核心的党中央周围。要进一步扩大建家品牌影响，形成良好社会氛围，提高职工之家的辨识度、知名度和美誉度。要注重典型引路，以模范职工之家创建为引领，推动基层工会加强自身建设，形成以点带面、点面结合、整体推进的良性循环。要优化职工文化体育服务平台，坚持公益性服务性方向，加强职工服务阵地建设，积极探索和规范职工服务阵地社会化市场化运作的实现途径。要不断深化改革，守正创新，务实进取，做实叫响职工之家品牌，在服务职工、服务党和国家事业发展大局上发挥更好更大的作用。

第二节　建设“职工之家”的基本要求

一、建设“职工之家”的基本要求

全国总工会在《关于进一步加强建设职工之家工作充分发挥基层工会作用的意见》中，提出要进一步加强“建家”工作，要坚持在继承的基础上不断创新，与时俱进地赋予新内容，努力把基层工会组织建设成为组织健全、维权到位、工作规范、作用明显、职工信赖的名副其实的“职工之家”。建设“职工之家”的基本要求如下。

（一）健全组织体系

基层工会委员会、经费审查委员会、女职工委员会组织健全，按时换届选举，单独设置工会工作机构，依法独立自主开展工作；依法进行工会法人资格或工会法人代表变更登记；工会主席（副主席）的产生、配备符合有关规定，职工二百人以上的单位依法配备专职工会主席；按不低于职工人数千分之三的比例配备专职工会干部；加强工会积极分子队伍建设；加强会员会籍管理，职工（含农民工、劳务派遣工）入会率达到 85% 以上。

（二）促进科学发展

围绕加快经济发展方式转变，深入开展多种形式的争先创优建功立业活动，持续形成劳动竞赛热潮；深入开展以增强自主创新能力为重点、以合理化建议和“五小”活动为内容的职工技术创新活动和“我为节能减排作贡献”活动，推动经济高质量发展；加强劳动模范（先进工作者）的培养、评选、表彰、宣传和管理，激励职工立足岗位、勇创佳绩。

（三）履行维权职责

建立和完善以职工（教工）代表大会为基本形式的民主管理制度，推行厂务（院务、校务）公开，公司制企业依照有关规定选举职工代表进入董事会和监事会，参与企业管理；深化“共同约定”行动，建立平等协商和签订集体合同制度，协商解决涉及职工切身利益的重大问题；指导和帮助职工签订劳动合同，依法妥善处理劳动争议纠纷，提供法律援助，构建和谐劳动关系；协助和督促企业落实国家各项涉及职工权益的法律法规，遵守劳动安全卫生等规定，安全生产无事故；维护女职工的特殊权益。

（四）提高职工素质

发挥工会“大学校”作用，深入开展主题教育，弘扬中国工人阶级伟大品格，用社会主义核心价值体系引领职工群众；开展“创建学习型组织，争做知识型职工”活动，培育“四有”职工队伍；开展群众性精神文明创建和文化体育活动，满足职工群众精神文化需求，推动职工文化和企业文化建设。

（五）服务职工群众

以职工最关心、最直接、最现实的利益为重点，认真倾听职工呼声，积极反映职工意愿，提出政策建议和主张；关心职工生产生活问题，指导帮助职工就业，进一步叫响做实“职工有困难找工会”，努力为职工办实事、做好事、解难事；开展“送温暖”“金秋助学”等活动，履行帮扶困难职工“第一知情人”“第一报告人”“第一协调人”“第一监督人”的职责。

（六）加强自身建设

坚持民主集中制，密切联系群众，廉洁自律；健全各项组织制度、民主制度、工作制度，基础资料齐全；坚持会员（代表）大会制度，完善会员代表常任制，实行会务公开，接受会员群众民主评议和监督，保障会员民主权利；开展“创建学习型工会，争做知识型工会干部”活动，加强政治、思想、组织、作风、纪律建设，把制度建设贯穿其中，提高工会自身建设科学化水平，建设学习型、服务型、创新型工会；建立单独工会财务账号，独立使用工会经费，收好、管好、用好工会经费，保护好工会资产；工会工作有创新、有特色。

二、工会小组开展建设"职工小家"活动应注意的几个方面

"职工之家"将"建家"活动落实到基层工会委员会下属的分厂（场）、车间（科室）和工会小组中。开展建设"职工小家"工作，要注意以下三点。

（一）把握建设"职工小家"的基本要求

1. 加强工会分会、工会小组建设，由会员直接选举分工会负责人和工会小组长，建立一支热心为职工群众服务的积极分子队伍。

2. 建立健全班组民主管理、民主参与、民主监督制度，定期召开民主管理会议，坚持各项公开制度，积极反映职工群众的意愿和要求。

3. 发扬团结友爱和集体主义精神，搞好互助互济，帮助职工解决实际困难。

4. 组织职工进行政治业务学习，不断提高思想觉悟和职业技能，开展群众性经济技术创新活动，努力完成生产工作任务。

5. 严格监督执行各项安全生产、劳动保护制度，不断改善职工生产工作环境，做好女职工特殊权益保护工作。

6. 加强"职工小家"阵地建设，因地制宜的活动，满足职工的精神文化需求。

（二）抓住建设"职工小家"的关键环节

1. 宣传教育。通过学习典型、借鉴经验和沟通讨论，宣传建设"职工之家"活动对车间（科室）、班组建设等方面的积极作用，争取党政领导的支持。通过形式多样、深入浅出的教育，提高广大职工参与"建家"的积极性。

2. 组织建设。调整选配好班组长、工会小组长及班组的"几大员"，形成"建家"领导核心。

3. 考核验收。健全考核细则和激励机制，坚持考核验收制度。采取车间（科室）工会分会、班组工会小组自检和集中检查等方式，定期对"职工小家"建设进行考核、检查、验收，经验收合格的"职工小家"要予以

颁发荣誉证书。

（三）开展会员评家活动

为深化建设“职工之家”活动，2009年6月，全国总工会下发《关于开展会员评议职工之家活动的意见》，要求各级工会充分依靠会员群众，高度重视会员评家工作。工会小组应高度重视会员评级“职工小家”工作。

1. 会员评家是加强基层工会民主建设的重要内容

工会本身应是民主的模范。进一步开展会员评家活动，有利于加强基层工会民主建设，发扬会员民主，保障会员知情权、参与权、监督权的落实。

2. 会员评家是密切工会与会员群众联系的客观需要

当前，基层工会工作与党中央的新要求、职工群众的新期待还有一定距离。一些基层工会存在民主制度不健全、会员主体作用发挥不充分等问题。在会员评家中加强民主制度建设，有利于坚持完善会员（代表）大会制度和会员代表常任制，实行会务公开，推进基层工会决策的民主化科学化。

3. 会员评家是推进建设“职工小家”深入发展的有效机制

会员满意度是衡量基层工会工作和建设“职工之家”成效的根本标准。广泛开展会员评家活动，有利于创新建设“职工小家”工作机制、充分调动会员群众参与工会活动的热情，使基层工会工作更加富有生机和活力。

会员评家的方式方法主要如下。

（1）在同级党组织领导和上级工会指导下，会员评家通过召开会员（代表）大会进行，每年至少评议一次。

（2）会员评家主要评议基层工会开展工作、建设“职工之家”的情况，评议基层工会主席（副主席）履行职责的情况。

（3）会员评家前应将评议内容、评议标准告知会员，做好组织发动和准备工作，并向上级工会报告。

（4）基层工会主席（副主席）在会员（代表）大会上报告工会工作及建设“职工之家”情况，并就个人履行职责情况进行述职。会员（代表）在对工会工作、建设“职工之家”情况和基层工会主席（副主席）履职情况进行民主评议的基础上，以无记名投票方式进行测评。测评可分为满意、基本满意和不满意三个等次，当场公开民主调评结果。

（5）会员评家的结果应报同级党组织和上一级工会，并作为考核基层工会工作和基层工会主席（副主席）的重要依据。对会员群众民主评议、民主测评反映的突出问题，基层工会应向会员（代表）群众反馈整改措施。

第三节 工会小组“职工小家”建设工作创新

新形势下，要巩固和发展建家成果，要深入持久地建家，必须抓班组，抓会员，从工会最基层组织抓起，开创基层工会工作新局面、新领域。工会小组是工会的前沿阵地，是落实工会工作的重要载体，工会的作用最终要通过工会小组来体现。工会小组是工会组织的细胞，只有所有的细胞都具备活力，整个工会组织才能充满生机。只有建好“小家”，才能履行好工会职责，真正形成上下互动的全面建家格局，才能增强企业吸引力。

为适应时代发展的要求，把“职工小家”建设好，应从以下几个方面努力探索新时代建“小家”的途径和方法。

一、突出维权重点，全面履行工会职责

维护职工合法权益、竭诚服务职工群众是工会的基本职责，是工会工作的永恒主题，也是工会赖以生存的基础。在新时代建“小家”，要注重突出维护职工合法权益这个核心，在完善“小家”功能上做文章。

（一）要在围绕中心工作、维护职工长远利益上下功夫，建设“效益小家”

坚持建家就是建企业、就是发展企业的思路，努力营造让职工能够尽显个性、施展才华、体现人生价值的企业环境，使个人价值与企业价值相统一，开展竞赛立功、岗位练兵、技术攻关等活动，形成节能、降耗、增效的良好氛围，实现创效增收，企业与职工双赢，从根本上维护职工长远利益。

（二）要在加强劳动保护监督，维护职工切身利益上下功夫，建设“安全小家”

安全是和谐的基础，是家庭幸福的保障，在小家建设中，树立安全建“小家”，安全保效益，安全促发展的意识，以人为本，增强职工劳动保护意识；强化培训，提高职工的劳动保护技能；技术创新，加大职工防范风险的能力；狠抓落实，建立群防群治的劳动保护网络。坚持“安全第一、预防为主”的方针，定期开展“安康杯”竞赛活动，定期开展劳动保护监督活动，对危险源点进行经常性检查，从根本上维护职工切身利益。

（三）要在完善民主管理制度，维护职工民主权利上下功夫，建设“民主之家”

在“小家”建设中，要做到哪里有权力，哪里就有民主管理；哪里有利益关系，哪里就有公开。全面推行厂务公开，实行民主管理制度化、科学化、规范化、经常化，凡涉及职工切身利益的重大问题，不经职工讨论通过不能实施，实现“事后纠正向事前预防转移，实现被动监督向源头参与的转移”，从而达到超前维护的目的，增强工会维护的实效性，从源头维护职工利益。

（四）要在提高职工队伍素质，维护职工根本利益上下功夫，建设“学习小家”

围绕提高职工素质，增强企业核心竞争力，要深入开展读书活动，培育创建学习型工会小组、知识型职工队伍、创新型工会小组长，开展爱国、爱局、爱岗教育活动，提高职工的政治素质、业务能力、技能水平，增强企业竞争力，从根本上维护职工利益。

（五）要在尽力排忧解难，维护职工直接利益上下功夫，建设“和谐小家”

按照以人为本的方针，努力做到尊重人、关心人、理解人、帮助人、团结人，在建“小家”竞赛活动中，建立职工联系代表制度，及时准确地掌握职工思想脉搏，理顺职工情绪，化解矛盾，使职工保持良好的精神状态。贯彻落实“六必访”，以解决职工最关心、最直接、最现实的利益问题为重点，注意从家庭生活等方面给予足够的关心，使职工对“小家”真正有可依可靠的归属感，人人都把“小家”看作家庭之外的又一温馨和谐的“小家”，做到“人人献出一份爱”，让“小家”充满温暖。

二、党政工形成共识与合力，优化班组建家活动条件

（一）统一认识，列入企业目标管理

班组开展建“职工小家”活动是企业的一项整体工程，涉及面广，工作量大，仅靠工会一家是不够的，必须取得党政领导的支持，才能保证建设“职工小家”活动的顺利开展，形成党委领导、行政支持、工会实施、职工参加的格局。同时，要把小家建设的目标管理作为精神文明建设的考核内容，分解到有关车间和科室，作为思想政治工作和企业管理工作的考核内容之一。再次，把小家建设活动与创建先进班组活动结合起来，并把建设“职工小家”的达标要求列入企业工会工作的责任制中，从而为班组建设“职工小家”活动的顺利开展奠定基础。

（二）认真选配工会小组长，确保建家有称职的带头人

建小家，工会小组长是主角。班组建家的成功与否，很大程度上取决于工会小组长的自身素质。因此，在选配工会小组长时应坚持两个原则，一是注意选配政治素质好、业务能力和组织能力强、热心于群众工作的同志；二是必须经全组会员民主选举。企业工会还要加强对工会小组长的业务知识培训，帮助他们提高组织活动能力。同时，建立和完善对工会小组长的考核制度，落实工会小组长的权利，增强工会小组长的责任感，努力

使建家有一个称职的带头人。

（三）确定建设“职工小家”的宗旨，扎实抓好基础工作

建设“职工小家”起步伊始的第一项工作，就是要确定建家宗旨，以此指导整个建设“职工小家”活动的方向。要结合企业实际情况，抓好建家基础工作，其基础工作主要有两个方面。一要抓好试点。以点带面，先从点上取得经验，再推动全面。围绕建家宗旨，由工会小组长直接抓，车间分工会主席重点抓，公司工会专职干部分点配合抓，“三管”齐下。各试点小组都要拿出自己的成果来。二要给工会小组长放六权。即按规定使用下拨经费的支配权，对本组工作计划的制订实施权，文体活动的组织开展权，对本组职工申请生活困难补助和病、伤职工营养补助的预审权，开展劳动竞赛、操作比武的组织权，发展新会员的推荐权。权力的下放，既增添了班组建家的活力，又调动了他们的积极性、主动性和创造性。

（四）抓好“职工小家”活动室的建设

班组建设“职工小家”在注重实质内容的同时，还要根据各自单位的实际情况，因地制宜，创造条件，实实在在为班组职工建好活动室，使班组职工在工作之余能有一个自我教育的阵地。

三、引入激励机制，增强“小家”活力

没有竞争就没有动力，引入激励机制，努力营造“争先创优”的氛围。要调动各分工会建“小家”的积极性，就应对“小家”建设实行按层次管理，动态运作的竞赛活动方式进行。

（一）开展职工小家竞赛活动，建立激励约束机制

把工会工作内容纳入建“小家”竞赛活动中，在工会小组开展三级（合格、先进、模范）台阶竞赛，激励分会重视“小家”建设。

（二）完善考评机制，保证“小家”建设质量

抓制度建设，制定完善建“小家”竞赛活动实施办法，通过建立和完善自检自查，考核验收制度，引导基层工会抓住“小家”建设的重点，保证“小家”建设的质量。

（三）引入奖励机制，激发小家活力

要把考核验收命名为先进、模范的职工小家，按荣誉称号的层次，给予一次奖励和增拨活动经费，增强“小家”能动力。

四、努力创造条件，保证建“小家”健康发展

建“小家”，要在创新、务实、搞活上下功夫，注重加大正面引导，激发工会小组建“小家”的内在动力。

（一）加强分类指导，创新“小家”建设方式方法

一方面，要多层次、宽领域、全方位思考和安排建“小家”工作，坚持实事求是的方法，把握“协调、服务、指导”的原则，实现建家目标；另一方面要不断充实新内容、创造新形式，适应新形势发展的需要。在借鉴过去的经验的基础上，根据工会小组实际，抓住特色工作，大胆创新，推广新鲜经验，发挥典型示范作用。工会通过丰富职工文化生活、生日送祝福等活动，使职工感到建家的好处，增强建“小家”的吸引力，激发“小家”活力。

（二）引导职工岗位成才，提高职工队伍素质

建家就是建队伍，打造能打硬仗的职工队伍。工会要结合“建队育人提素质，争创一流促发展”主题教育，组织职工学政治、学法律、学技术、学管理，引导职工从“干什么、学什么、缺什么、补什么”过渡到灵活自如、得心应手的快乐学习中，要求每一名职工学一门新技术，掌握一门新工艺，提高业务技能和整体素质。

要建成党政靠得住、企业离不开、职工信得过的职工小家，还需要下功夫认真审视建家工作的重要性、长期性、全局性，实事求是，与时俱进，形成建家的活力，常抓不懈，常建常新。

当前，许多地方的工会在开展建设“职工小家”的活动中，创造了很多新鲜的经验。如有的单位开展了以“五有”（有场地、有设施、有活动、有效益、有人心），“七上墙”（工会工作任务上墙、工作职责上墙、组织网络上墙、工会活动上墙、年度计划总结上墙、工会文件上墙、先进人物

上墙），“四个规范”（组织建设规范、工会制度规范、经费管理规范、档案管理规范）为基础，全面推进“五个机制”（职工维权机制、职工民主管理机制、和谐劳动关系机制、职工教育机制、职工和企业“双赢”机制）建设为内容的创建“职工小家”活动，不但增强了基层工会的活力，还融洽了职工和企业的关系，调动了职工的积极性。

【案例】

建设“五好”职工小家　助推产改落地落实

某公司工会认真落实企业“擦亮‘金名片’、建设‘新小家’”专项行动，按照“党委领导、多方共建、统一规划、突出特色”原则，坚持做到“建设有目标、评审有标准、努力有荣誉、学习有榜样、人人都参与”，持续开展“携手建家”工程，打造“五型五好”职工小家品牌，累计建成职工小家共计95个，实现班组职工小家建设全覆盖，不断提升职工的获得感、幸福感、安全感，为推动产改政策措施落地奠定了坚实基础。

一、内化于心，筑牢根基

公司党委高度重视职工小家建设，按照“人性化、标准化、可视化”的原则，坚持顶层设计，职工小家建设总体方案经公司党委会、总经理办公会、职代会联席会议审议通过后，由公司工会主席督办实施。2020年，公司统筹推进党建“金名片”建设总体方案，形成“星、岗、室、区、家、所”可视化党建品牌，规划班组职工小家的“家”字品牌，为“五型五好”职工小家建设领航。

在“党建带工建”机制下，班组职工小家组织机构设置不断完善，形成党员指导建家模式。每个小家明确一名所属党支部的优秀党员作为“小家指导员”，为小家建设把关。班组将党史学习教育与班组活动相结合，在文化建设中加强“四史”教育，充分利用职工小家园地、阵地登载、张贴党史故事、学习心得，深化党史学习教育和企业文化、职工文化建设，汇聚起班组建设合力，为企业发展注入新动能。

二、外化于行，拓展领域

“建功行动”紧扣时代主题。开展党员劳模工匠“领学”党史故事等形势任务教育。持续深化职工小家与班组建设联动，通过主题竞赛、岗位练兵、“五小”和群创竞赛等活动，大力推行以“精益、精细、精确、精准、精美”为主要内容的“五精”管理，牢固树立小家成员主人翁意识。

“关爱行动”聚焦服务职工。将职工小家建设作为深入推进“我为群众办实事”实践活动的有效载体，“线上+线下”全方位开展法律、心理咨询、单身职工交友等关爱服务，把实事落到实处，把小事落到细处，为职工排忧解难。

“成长行动”持续充电赋能。在公司职工之书屋中建立“听见党的声音 红色有声图书馆”，在职工小家设置读书角，开展“党史故事分享”“红色读本漂流”等系列活动。同时结合“名师带徒”，把职工小家建设成为职工提升素质和技能的平台，不断促进小家成员成长。

“维护行动”做实维权保障。将班务公开工作落实纳入职工小家评比考核，创新职工小家班务“六公开”机制，建立班务公开目视化台账，让职工小家的大事、小事都在职工监督下进行，打通班组职工参与职工小家建设“最后一米”。

三、制度固化，厘清责任

2022 年，公司工会制定出台《“五型五好”职工小家创建管理办法》，建立“全员参与、长效创建、考核评比、表彰奖励”四项机制，每季度对职工小家实施动态评星和升降星级，对成功晋级的星级职工小家进行授牌表彰。

确立建家机制。基层单位按照“注重实用、长效管理、突出特色”的原则，形成了公司管理有制度办法、车间部室有监管细则、基层小家有家规公约的三层联动职工小家管理机制。

设置星级标准。围绕构建“五型五好”职工小家品牌，设置“温馨之家、和谐之家、进取之家、有为之家、创新之家”五个板块，每个板块对应“小家服务职工好、劳动关系稳定好、比学赶帮氛围好、传承示范引领好、提质创效发展好”的“五好”标准。

建立评价制度。“五型五好”职工小家创建采取季度申报、基层自评和工会考核机制。每季度末，评家委员会对基层上报的职工小家进行集中评审。

完善激励方案。“五型五好”职工小家实行年审和随机抽查制度。工会每年第四季度进行集中年审，并组织不定期临时抽查，对抽查不合格的职工小家提出整改意见，整改不及时将进行摘星降级处理，并纳入工会工作目标考核。职工小家每次创星成功后公司工会奖励人均不少于100至300元的建家活动经费。

公司以“爱”建家、以“家”浓情，以“情”聚力，“五型五好”职工小家在长期、稳定、有效运行下凸显出“四增强”效果。强信念，职工思想政治建设有效加强，“五型五好”家文化让职工舒心、安心、宽心、暖心，职工工作积极性、主动性明显提升；强阵地，职工小家服务能力不断增强，在浓厚“家”氛围的营造下，工会组织有效凝聚起职工的创造力和战斗力，整体意识和团队意识有效增强；强培育，以“小家”美带动“大家”美，形成创先争优的良好氛围，全员共同参与职工小家建设、共同分享职工小家建设成果；强基础，工会组织“家”的温暖、工会工作覆盖面不断延伸，基层工会组织建设和整体水平得到有效提升。

公司将持续推进“五型五好”职工小家建设，把职工小家建设成果转化为企业管理提升优势，把职工素质提升成效转化为推动企业高质量发展动力，为持续深化推进产业工人队伍建设改革工作提供坚强保障。

第九章

工会小组的自身建设

加强工会小组的自身建设是增强基层工会组织活力的需要。工会小组是工会组织的细胞，细胞有了活力，基层工会工作才能朝气蓬勃，这是工会改革和建设的必然要求。因此，工会小组成员要加强理论学习，提高政治素养，全力投入工会小组工作中。把维权意识、服务意识和奉献精神作为做好工会小组工作的主旋律。

第一节　建设学习型工会小组

建设学习型工会小组是保持基层工会先进性的必然要求。当今是一个创新的时代，新知识新发明层出不穷，需要学习和掌握的东西很多。工会小组长要从实际出发，加强基础性学习、应用性学习和前瞻性学习，要把学习与工作紧密结合起来，干什么就学什么，缺什么就补什么。在方法上要不断创新，增强学习针对性和实效性，完善学习制度和激励学习的长效机制，引导职工学习工作化、工作学习化。

一、建设学习型工会小组的组织目标

学习型组织，是指组织从结构、形态、政策的设计和营运，到组织成员的思想、理念、态度和行为，都具有强烈的自我调适、适应和驾驭组织任务、技术特质和外部环境变化的能力特征的人的集合。从这个意义上讲，学习型组织是一种能持续地扩充其能力以创造未来的组织，是人本管理组织的基本形式。

学习型组织具有以下几个特点。一是前瞻性。真正的学习型组织具有强烈的记忆与敏锐的思维。二是团队性。组织成员能够分享各自的学习成果，信息充分共享、交流，而不是各自学习成果的相互抵消或简单相加。学习型组织不仅注重成员个人的学习，而且更注重整个组织对学习的分享、储存、记忆及传递功能。三是开放性。这里的开放性是指学习型组织善于、乐于引进并消化新的管理技能，将管理新技能渗透到职工对价值的选择和素质提升的过程，变为大家的实践准则。

学习型工会小组，一方面要进一步发挥党和政府联系职工群众的桥梁和纽带作用，认真履行工会职能；另一方面至少应在如下几个方面有所突破。

（一）在维护职能方面

工会小组在职工利益维护中有着不可代替的作用。同时，在工会小组维护职工合法权益、竭诚服务职工群众的过程中，只有职工自身积极主动地参与和配合，形成强大的维权合力，才能取得良好的效果。然而，现实中并非如此。有些职工主观认为，维权只是工会的责任，与己无关。因此，他们在合法权益受到侵害时，只会消极地依赖工会的维护，抱怨多于沟通，责怪多于理解，坐等合法权益的回归。还有些职工一开始就不清楚自己应该享有哪些合法权益或当合法权益受到侵害时不知道用什么方法进行维权。这些心态和行为，导致工会在维护职工合法权益的过程中，难以形成内外合力。因此，学习型工会小组要引导职工真正懂得法律赋予自己的合法权利，提高利用法律手段协调劳动关系的能力，与工会共同形成维权合力，提高维权的效果。

（二）在建设职能方面

学习型工会小组要从单纯的组织、发动广大职工完成工作任务，提高工作效率转变为引导广大职工将自己的前途与企事业单位的发展紧密结合在一起，把企事业单位作为增加才干、发挥才能、施展才华的舞台，增强职工的忧患意识，充分挖掘个人、群体以及企事业单位的潜能。

（三）在参与职能方面

学习型工会小组要创造机会，为职工积极争取参与决策和自己选择的机会，引导职工变“我需要”为“我选择”。只有通过选择，职工才更容易实现自己更大的愿景。只有通过选择，职工才会按照学习型组织的理论，严格要求自己。

（四）在教育职能方面

学习型工会小组一方面要积极吸收、消化国内外先进的组织管理经验，另一方面要建立、完善一套内部沟通与交流的系统。广大职工既可以成为这套系统的“学生”，也可以成为这套系统的“老师”，从而达到“系统育人”的目的。

古人云：“非学无以广才，非学无以明识，非学无以立德。”只有加强学习，才能筑牢理论基础，开阔眼界，培养创新思维，提升道德修养。当前工会工作的领域更宽、范围更广、任务更重，这就要求工会干部，把学习作为一种责任，作为一种内在的需要。创建学习型工会小组，是新形势下工会组织实施“职工素质工程”的迫切需要。学习型工会组织的创建，能够使企业职工全心投入，持续学习，有利于开发和培养群体创造力，有利于解决实际问题。职工只有不断学习、更新知识、增强技能，才能适应形势发展需要，才能在激烈的人才竞争中立于不败之地。因此，创建学习型工会组织，比以往任何时候都更为重要。工会小组应站在时代前端，把握所处的大环境，看到知识经济发展的态势，把握其发展脉搏，采取切实可行的措施，随时调整自己的工作方向，引导工会小组干部和职工不断解放思想、转变观念，增强积极参与创建学习型工会小组的责任感和紧迫感，为创建学习型工会组织提供动力之源。

二、创建学习型工会小组的基本要求

学习型组织及其成员要重视学习、善于学习、持续学习，拥有不断获取知识以及更新知识的能力，能够把各种知识转换成能力，而且不断转型升级，持续创新。建设学习型工会小组，就是要丰富工会服务理念，增强工会活力，创新工会活动机制，推动科学发展，促进企业劳动关系和谐。

（一）必须明确学什么的问题

工会是党领导下的工人阶级群众组织，团结动员亿万职工为新时代新征程党和国家事业发展、实现第二个百年奋斗目标贡献智慧和力量，就要把全面学习、全面把握、全面落实党的二十大和二十届二中、三中全会精神作为各级工会和广大工会干部当前和今后一个时期的首要政治任务，完整、准确、全面领会党的二十大和二十届二中、三中全会的重要思想、重要观点、重大战略、重大举措，教育引导广大职工坚定对马克思主义的信仰，坚定对社会主义和共产主义的信念，工会要带领广大职工永远跟党走，自觉接受党的领导，发挥党同人民群众之间的桥梁纽带作用，牢牢把握我国工人运动的时代主题，以贯彻落实的实际行动，奋力开创新征程党的工运事业和工会工作新局面。

（二）必须解决怎样学的问题

建设学习型工会是在信息化条件下学习方式的一种转变，即要从以书本为中心转向以问题为中心，从以提高素质为目的转向以提高能力为目的，从灌输式学习转向研讨式学习，从行政化学习转向灵活多样的组织化学习，从个人式学习转向共享式学习，从人生一个阶段的学习转向终身学习，等等。学习型组织强调，灌输式学习不是真正的学习，真正的学习是互动式学习、研讨式学习、行动中学习、反思中学习、分享中学习。学习为了解决问题，学习为了提高能力。因此，建设学习型工会，就意味着要以更科学化的方式学习。

（三）必须解决学以致用的问题

倡导学习与实践相结合，在建设学习型工会的实践中，每个工会干部都要结合自身工作实际，发扬理论联系实际的优良学风，向书本学习，向实践学习，向职工群众学习，坚持学以致用、用以促学、学用结合，着眼解决工作中的实际问题，把学习成果转化为促进企业发展的措施、维护职工权益的本领，确保学习取得实实在在的成效。

总之，工会小组要牢固树立全员学习、终身学习的理念，丰富学习内容，创新学习形式，注重学习效果，使职工队伍整体素质不断提高。

三、学习型工会小组的创建模式

探索创建学习型工会小组是一场组织管理模式的变革，是一个学习、创新的过程，没有统一的模式，需要每个工会小组结合实际，去探索一条“自己的路”，为实现企业持续健康发展插上强有力的翅膀。

（一）创建学习型工会小组的探索模式

1. 家庭式

该模式符合工会“职工之家”的理念，其核心是增强职工的家庭归属感、荣誉感和责任感。如果在工会小组内部营造一种“家”的氛围，使职工无论是什么职位、什么年龄都能够感受到家的温暖，那么工会是和谐的，企业是和谐的，社会和谐也就前进了一大步。

2. 灵活反应式

该模式强调工会小组要转变组织观念，对于职工合理的需求，要做到及时满足。工会小组为广大职工服务讲究时效性，即在职工们最需要帮助的时候，能够及时准确地提供最为周到的服务。而在实际工作中，工会小组提供的一些服务、搞的一些活动都没能在职工需求最迫切、热情最高涨时推出，这使工会的工作效果大打折扣。灵活反应式同时也是一种组织模式，该模式突破了工会内部结构过于僵化的弊病，有利于工会小组成员在不同的环境中认识自己、超越自己，更有利于工会小组提高组织应变能力，使工会能够始终保持强大的“造血”功能。

3. 市场化

市场化的工会组织内部引入竞争意识，一方面要增强工会小组成员的忧患意识，另一方面要建立一套能上能下、赏罚分明的激励机制。学习型组织应该为职工提供足够多的选择机会，这些机会理所当然应包括工会小组干部想要奋斗，普通职工想要奉献等。该模式从制度上保证了工会的稳定性和凝聚力，增加了职工对工会小组的满意度。

4. 参与式

该模式的核心是工会小组应扩大职工参与程度，让大量有思想、有才华的职工参与到活动方案制定等决策过程中，而不必计较他们的级别、组织从属等，只要他们有一颗为大家服务的心。一个组织的生命力在很大程度上取决于该组织的包容性和开放性。试想，工会小组突然指派一项活动，职工们没有参与感，只有距离感；没有成就感，只有责任感，那么组织效率从何谈起？只有让尽可能多的职工参与到企业的日常管理过程中，职工与领导形成合力，才能创造出更大的价值。

（二）创建学习型工会小组的操作实践

新时代积极创建学习型工会小组是工会肩负的历史重任。当前是一个知识爆炸的时代，知识的更新发展很快，要想跟上时代发展的步伐，只有不间断地学习新知识，不断地充实自己，否则就会出现本领恐慌，就会被淘汰。我们必须不断学习先进的理论和文化，发扬团队精神和创新精神，加强和改进工会小组建设，使各级工会小组成为学习型组织，在广大群众中始终保持号召力，这是工会工作发展进步的决定性因素。

1. 强化团体学习，培养骨干群体

第一，要注重理论性学习。要加强对习近平新时代中国特色社会主义思想和党的二十大和二十届二中、三中全会精神的全面掌握和深刻理解，通过学习使工会干部自觉站在全局高度看工会工作，从大局的角度看工会的责任，使广大工会小组干部紧跟时代脚步，跟上形势发展的节拍，做一个掌握理论的清醒者、勇于实践的清醒者、观察大局的清醒者，为工会工作的进一步发展提供有力的思想保障。

第二，要注重政策性学习。党和国家的方针政策是党的基本理论、基本路线、基本纲领的具体化，是对新的实践经验的概括和总结，是我们做好工会工作的方针和原则。工会干部在学习中要注重对政策性内容的全面了解、准确掌握，不断增强工会小组工作的科学性和创新性，这样在具体的工作实践中，才能正确地执行党的路线、方针、政策，不出偏差。

第三，要注重前瞻性学习。工会干部在学习中，要把被动地接受客观知识变为主动地提高内在素质，密切关注不断出现的各种新知识，注重学习内容的前瞻性，尤其要加强劳动经济、劳动法律、社会保障等方面的学习，及时掌握新的知识和工作技能。通过学习，既可更新知识结构，拓宽知识面，增加知识储备，也可使工会干部树立学习是生存和发展需要的理念，坚持终身学习、不断学习的理念，坚持学习、创新与工作有机结合的理念，有效提高广大工会干部的综合素质，进而推动工会小组工作整体水平上一个新的台阶。

2. 学会系统思考，创新思维模式

第一，在工作思路上，新时代维护职工合法权益要遵循“一靠法律，二靠实力”的工作路径。“一靠法律”就是依法治会、依法建会、依法建制、依法维护；“二靠实力”就是要不断增强工会小组组织的凝聚力、工会干部的人格魅力、职工素质的竞争力、先进典型的感召力和工会组织的发展力。

第二，在工作方针上，要实施“三个紧贴”，树立“三个观点”。一是紧贴改革，用改革的观点解决改革进程中出现的问题；二是紧贴经济，用发展的观点解决企业发展中出现的问题；三是紧贴职工，用群众的观点解决职工关心的问题。

第三，在思想方法上，要实施“三个坚持”。一是坚持方向不变、方法常新，即工会在党的领导下，坚持维护职工合法权益的方向不变，维护的手段和载体不断创新。二是坚持和倡导“四个一”工作法，即上一个层次定思路，下一个层面作调研，换一个角度想问题，早一个节拍抓工作，把工会小组工作做深、做细。三是坚持有所为有所不为，做到常规工作用机制保证、超前工作以典型引导、重点工作以合力推进，保证工会小组工作的持续创新力。

第四，在工作载体上，要遵循“工作展开是形式，形成机制是目的”的思路。用协调机制的力量，协调劳动关系，实现工会维护服务职责。一是建立协商机制，着重解决事关职工切身利益的重点问题。要抓好集体协商制度的建立和健全，以此作为依法治会的第一制度、维护职工利益的第一要素、协调劳动关系的第一关口。在内容上，把事关职工切身利益的重要问题、敏感问题，作为集体协商的重点。二是建立参与机制，着重解决事关企业发展的重大问题。重点是组织职工通过班组民主管理，参与民主决策、民主管理、民主监督，确保重大经济活动让职工知情参与，重大规章制度让职工讨论参与，重大切身利益让职工深入参与。三是建立协调机制，着重解决带头整体维护的问题。根据工会小组的基本职能和工作中出现的新问题，步步为营，扎实推进，不断完善。

3. 理论联系实际，推动工作开展

第一，坚持科学理论武装，以愿景目标引领学。对于一个组织来说，共同愿景是首要的，它能使不同个性的人凝聚在一起，朝着共同理想前进，在追求共同目标实现的过程中，所有成员自然而然地激发出潜能，从而使组织发展产生不竭的动力。基层工会小组必须用习近平新时代中国特色社会主义思想武装工会干部，增强走中国特色社会主义道路、为党和人民事业不懈奋斗的自觉性和坚定性，做中国特色社会主义共同理想的坚定信仰者。

第二，树立终身学习理念，以自我超越长期学。工会小组创建学习型工会组织，核心就是鼓励工会干部自我超越，变“要我学”为“我要学”，不断提高工会干部的自学能力和创新能力，实现广大工会干部个体素质和工会组织团体能力的提高。面对全球经济一体化的发展态势，只有警钟长鸣，常怀危机意识，坚持不懈地终身学习，始终把学习当作一件快乐的事情，才能不落伍，才能厚积薄发，才能保持创造力。

第三，坚持理论联系实际，以系统思考深入学。工会小组必须紧密联系改革发展中出现的新情况新问题来学习思考，才能学得生动、学得深入、学得有效。要坚持学习与思考相统一、学习与调查研究相统一、学习与实践锻炼相统一，切实掌握第一手材料，注重运用所学知识指导创新实践，把抓学习、强素质与创造性地抓好工作落实相结合，找到理论与实践的结合点，形成指导工作的思路、对策和方法，同时又在工作实践中检验思路、对策和方法正确与否；把学习理论与解决工作中的瓶颈问题、难点问题相结合，以思想观念的更新推动工作创新，在创新实践中深化有关知识的学习，使学习与实践同步推进、相得益彰，真正在指导实践、推动工作中体现出学习成果，帮助工会干部学会在解决问题中学习、在实践中学习，逐步实现工作学习化、学习工作化的目标。

总之，工会小组的工作是在不断进行的，创建学习型工会小组如同给一辆行进中的汽车修理一样非常困难。创建过程中会遇到很多困难，非朝夕之功可就，需要各方面的共同努力。创建学习型工会小组的一个重要着力点，是以先进人物为榜样，组织广大职工开展各种读书学习活动，引导职工岗位成才、岗位奉献，使广大职工从操作型职工向学习型职工继而向智能型职工发展。开展以“学先进，创业绩，比贡献”为主题的学习活动，广泛开展技术练兵和技术比武活动，引导职工争当新型劳动者。要不断完善群众性经济技术创新活动的激励机制，选树“创新能手”和“创新示范岗”，做好职工技术创新成果评选工作，激励广大职工立足本岗，学赶先进，争创一流，多做贡献。

第二节　建设服务型工会小组

习近平总书记指出，工会工作要顺应时代要求、适应社会变化，善于创造科学有效的工作方法，把竭诚为职工群众服务作为工会一切工作的出发点和落脚点，全心全意为广大职工群众服务，让职工群众真正感受到工会是“职工之家”，工会干部是最可信赖的“娘家人”。创建服务型工会，是习近平总书记和党中央对于工会工作的重要要求，是提高工会的吸引力、凝聚力和社会影响力的重要举措，是工会根据我国社会结构变化，适应职工队伍发展和劳动关系现状，参与社会管理和公共服务的重要手段，也是建设中国特色社会主义工会，履行工会基本职责、彰显工会职能的内涵式发展。

一、创建服务型工会，彰显中国工会的职能优势

《中国工会章程》明确规定，中国工会的基本职责是维护职工合法权益、竭诚服务职工群众。

中国工会按照中国特色社会主义事业“五位一体”总体布局和“四个全面”战略布局，贯彻创新、协调、绿色、开放、共享的新发展理念，把握为实现中华民族伟大复兴的中国梦而奋斗的工人运动时代主题，弘扬劳模精神、劳动精神、工匠精神，动员和组织职工积极参加建设和改革，努力促进经济、政治、文化、社会和生态文明建设；发展全过程人民民主，代表和组织职工参与管理国家事务、管理经济和文化事业、管理社会事务，参与企业、事业单位、机关、社会组织的民主管理；教育职工践行社会主义核心价值观，不断提高思想道德素质、科学文化素质和技术技能素质，建设有理想、有道德、有文化、有纪律的职工队伍，不断发展工人阶级先进性。

（一）服务型工会要坚持以职工为本的理念

服务型工会就是坚持以职工为本的理念，以服务职工为出发点和落脚点，以社会化运作为主要手段，以健全完善体制机制为重要保障，通过建立健全工会三级服务体系，即省级工会服务（帮扶）中心、区（县）工会服务（帮扶）中心、街道（乡镇）工会服务站，形成服务型工会的基本框架。以北京为例，就是将市、区（县）两级工会服务（帮扶）中心和街道（乡镇）工会服务站有效对接，形成全方位互动的工会工作平台，使之成为服务社会、服务企业、服务职工的载体，成为非公企业党建工作的助手、政府社会管理工作的帮手，为促进社会和谐稳定贡献力量。

（二）创建服务型工会的重要意义

创建服务型工会，是充分意识到工会在促进社会和谐稳定和建设社会主义现代化强国中的价值和作用，把工会组织作为重要的政治资源、组织资源和制度资源加以开发、创新和运用；是充分认识工人阶级队伍的组织结构、就业结构和利益结构的变化，彻底跳出单位制的思维方式和工作机制，把所有与用人单位建立劳动关系的和曾经与用人单位建立劳动关系的各类职工群体和城镇劳动者都纳入工会工作领域，形成全覆盖的工会工作体系；是充分认识维护职工合法权益的基本职责和工会服务职工群众的作用，不断增强服务意识，提高服务能力，完善服务手段，拓展服务领域，帮助职工、服务职工，构建起完整的职工服务体系和服务机制，不断增强工会的吸引力和凝聚力，真正把工会建设成为广大职工信赖的“职工之家”。

二、创建服务型工会，突出中国工会的维权服务特色

（一）中国工会的维权服务特色

中国工会的维权特点是坚持以职工为本，竭诚为职工群众服务的维权宗旨；坚持维护全国人民总体利益与代表和维护职工的合法权益相统一的维权原则；坚持和谐发展、互利共赢的维权理念；坚持统筹兼顾、突出重点的维权方法；坚持党政主导、工会运作的维权格局。因为在我国，作为

劳动关系的双方，在企业表现为劳动者与经营者之间的关系，在社会表现为劳动者与建设者之间的关系。它们既是矛盾的统一体，又是利益的共同体。中国工会要成为企业利益与职工利益、资本利益与劳动利益的平衡维护者。因此，从中国国情来看，中国工会扮演的角色不是单一的，而是多元的。它不仅仅是单一的职工利益的代表者和维护者，而且是寻求在维护全局利益的大格局中，更好地保障职工群众的利益。

创建服务型工会，有利于有效地处理服务大局、服务企业、服务工会三者之间的关系，充分体现中国特色社会主义工会维权观。工会在发动职工参加国家建设和企业发展方面有着光荣传统和不可替代的作用，工会要把积极为大局服务、维护职工权益和社会稳定作为当前工作的重中之重，团结动员广大职工为促经济平稳健康增长建功立业，切实维护职工合法权益，努力保持职工队伍稳定，在党和国家工作大局中更好地发挥作用。

（二）创建服务型工会的关键点在于服务职工

工会是职工利益的代表者和维护者。在国家层面，工人阶级是我国先进生产力和生产关系的代表，是我们党最坚实最可靠的阶级基础，是社会主义中国当之无愧的领导阶级，是全面建成小康社会、发展中国特色社会主义的主力军。在企业层面，职工是企业的宝贵资源，是企业发展的主体。工会要把以职工为本、为职工维权服务作为工会工作的出发点和落脚点，通过为职工服务，有效防范和抵御敌对势力的渗透，维护职工队伍的稳定。

（三）创建服务型工会的落脚点在于服务企业

工会维护职工利益是促进企业发展的社会基础，促进企业发展、维护职工权益，是企业工会工作的原则。促进企业发展，是维护职工利益的根本保障，没有企业的发展，职工权益的保障也就成为无源之水、无本之木。工会一方面要引导企业履行社会责任，防止大规模集中裁员，千方百计稳定现有用工岗位；一方面要引导广大职工深入开展经济技术创新活动，激发创造活力，为提高企业自主创新能力、推动产业结构优化升级、加快转变经济发展方式积极献计出力，促进企业持续健康发展。

三、创建服务型工会，发挥工会的组织作用

中国工会是世界上会员人数最多、组织规模最大的工会组织。作为党联系职工群众的桥梁和纽带，国家政权的重要社会支柱，职工群众利益的代表者与维护者，中国工会在发展和谐劳动关系、促进社会和谐稳定中，具有明显的优势，完全可以大有作为。

（一）创建服务型工会存在的问题

目前，工会工作与党的要求和职工群众的期盼还存在一定差距。从工会本身来说，党领导下的中国工会从建立之初，就同帝国主义、封建主义和官僚资本主义的反动统治作斗争。新中国成立后，长时间处于计划经济单一的公有制经济的劳动关系类型下，缺乏协调劳动关系的历史传统。然而，改革开放尤其是社会主义市场经济的建立，把中国工会推到了协调劳动关系的风口浪尖。社会主义市场经济体制的确立，带来了经济的快速发展，也使劳动关系矛盾这一社会问题日益显现。原有的一体化的社会主义劳动关系变成多元的不同性质共存的劳动关系后，引发了职工合法权益屡受侵害的现象。劳动关系中的突出问题，产生于非公有制企业雇主与新生的产业大军之间，劳资矛盾成为市场经济条件下主要的社会经济矛盾。在农民工屡遭工资拖欠、在矿难事故屡屡发生等各种职工合法权益遭到侵害的事件面前，工会的作为受到质疑。

（二）创建服务型工会的措施

当前，要实现工会工作的新发展，就必须“找准切入点、着力落脚点、把握需求点”，才能有效推进“服务型”工会建设。

1. 应找准切入点，积极打造三个服务平台

应通过找准切入点，积极为广大基层提供有效服务载体。一是构建网站服务平台。要以工会网站为依托，利用现代信息技术，发布工会信息、文件、最新政策法规等资讯，开通网上入会、网上求职等服务功能，并将不同部门的网站链接到工会网站，切实为基层企业特别是广大职工提供公益性的数字化服务。二是建立手机信息互动平台。要拓展工作思路，开通

手机信息互动平台，面向工会干部免费发送各类信息，并建立突发性群体劳资纠纷等突发事件的手机预警机制，及时消除企业和职工队伍不稳定因素。三是打造维权服务中心平台。根据实际，建设体现时代特色的职工服务中心，积极打造“一站式”服务窗口，在构建和谐社会建设中努力提升工会维权新形象。

2. 应着力落脚点，积极服务经济社会发展大局

应以“服务发展、服务基层、服务职工”为落脚点，进一步发挥工会在服务经济社会发展中的作用。一是服务发展。在服务社会过程中，要突出抓好“工人先锋号”、重大节庆竞赛、职工技能比武等活动。在服务企业工作中，全面深化和谐企业创建主题活动，深入推进法律服务活动，外树企业品牌，内聚企业人心。二是服务基层。深入开展“我与企业共谋发展”合理化建议、节能减排金点子评选等活动，积极引导职工与企业共渡难关。三是服务职工。要不断强化服务意识，在抓好群众性技术培训、深化“创争”活动、推进困难帮扶、开展职工安康保障等工作的同时，还要积极探索建立会员优惠服务制度，才能使广大工会会员得到切实服务。

3. 应把握需求点，积极推动工会服务体系建设

要有效把握需求点，在丰富活动载体、创新服务内容、完善服务手段上做好文章。一是突出企业文化建设。要深入开展企业文化建设，在广大企业职工中深入开展思想道德建设，努力营造“共建共享、共促和谐、共享成果”的企业文化氛围。二是强化工会帮扶工作，进一步推动工会帮扶工作的经常化与制度化。三是突出重点工程竞赛。要以重大工程建设为契机，以“安康杯”竞赛为推手，在重点工程建设保质保量保安全的基础上，全面推动立功竞赛活动深入开展。

此外，要在“服务型”工会建设中取得新进展，在服务大局中展现新作为，在职工群众中树立新形象，还要积极提升工会小组的服务意识，使工会小组长真正做到“心里装着职工群众，凡事想着职工群众，工作依靠职工群众，一切为了职工群众”，只有这样，才能进一步得到职工参与、党政支持、社会认可，才能提升工会小组的地位，发挥工会小组的作用。

第三节 建设创新型工会小组

工会工作要与时俱进，有所突破，有所发展，就必须以创新的观念审时度势，以创新的勇气直面难题，以创新的思维开展工作，以创新的精神开拓未来，在创新中不断推进工会小组建设。

一、推进基层工会工作在新时代创新发展

2014 年 9 月，习近平总书记在给全总批示中明确要求，要着力扩大覆盖面、增强代表性，着力强化服务意识、提高维权能力，着力加强队伍建设、提升保障水平。“三个着力”的要求，为创新基层工会工作进一步指明了前进方向，具有很强的理论和实践指导意义。

（一）提高思想认识和政治站位，按照“三个着力”要求增强责任感使命感

“三个着力”明确了基层工会的地位和作用。要下大力气把基层工会组织建设好，充分发挥基层工会组织在组织职工、引导职工、服务职工和维护职工合法权益中的作用，凝聚起实现中华民族伟大复兴的磅礴力量，不断巩固和扩大党执政的阶级基础和群众基础。

“三个着力”明确了基层工会建设的目标要求。“着力扩大覆盖面、增强代表性”，明确了加强基层工会建设的基本任务和目标要求。只有不断扩大工会的有效覆盖，才能不断扩大和巩固党执政的阶级基础和群众基础。“着力强化服务意识、提高维权能力”，明确了加强基层工会建设的核心任务和本质要求。做好维权和服务工作是各级工会组织和广大工会干部不懈努力的重要方向。“着力加强队伍建设、提升保障水平”，明确了加强基层工会工作的关键。建设一支政治素质高、群众基础好、业务能力强的基层工会干部队伍，是加强基层工会建设的重要保证。

“三个着力”明确了基层工会建设的方法路径。首先，加强基层工会建设要通过提高思想认识来牵引，只有“从巩固党执政的阶级基础和群众基础的高度出发”认识和看待基层工会建设，抓基层工会工作的方向才不会偏，力量才不会缺失。其次，加强基层工会建设，就要在深入调查研究的基础上，把基层工会存在的主要矛盾和问题及其症结搞清楚，从而对症下药，在解决问题中推进基层工会建设的发展进步。再次，加强基层工会建设要依靠改革创新驱动，用新的理念作牵引、以新的视野来认知、用新的举措来破解。

（二）突出重点、狠抓落实，按照“三个着力”要求全面提高基层工会建设水平

把坚持正确的政治方向作为关键。加强基层工会建设的首要任务，就是要坚持党对工会的领导，自觉用习近平新时代中国特色社会主义思想特别是习近平总书记关于工人阶级和工会工作的重要论述统一思想、指导工作，坚决贯彻执行党的路线方针政策；就是要坚定地把重要论述落实到加强基层工会建设的生动实践中，贯穿于加强基层工会建设的全过程；要坚持走中国特色社会主义工会发展道路，并以此来谋划基层工会建设各项工作。

把扩大工会覆盖面作为工作基点。要大力做好宣传发动职工工作，充分利用现代新媒体，宣传加入工会的好处，激发职工自觉入会的内生动力。要突出新经济组织、新社会组织这些重点领域和农民工这个重点对象，推动把工会组建、会员发展纳入基层党的建设目标体系，为做好扩大工会覆盖面提供有力的政治保证。要发挥乡镇（街道）工会、开发区（工业园区）工会的组织优势，创新组织形式和入会方式，实现工会组织对小微企业的有效覆盖。要坚持以会员需求为导向，大力推进“互联网+”工会普惠性服务，增强工会组织的吸引力和凝聚力。

把提高维权和服务能力作为重要价值取向。要运用法治思维和法治方式加强工会维权工作，推动企业普遍开展工资集体协商，健全以职代会为基本形式的民主管理制度。引导企业建立健全劳动关系预警、预判、预报和紧急处置机制，维护职工队伍及社会和谐稳定。要发挥基层工会贴近群

众的特点优势，全面提升基层工会服务职工群众的能力。要进一步加强职工互助服务工作，整合工会内外资源，切实让职工群众共建共享改革发展成果。

把建设好基层工会干部队伍作为重要保障。建设好基层工会干部队伍，首要任务就是要解决好有人干事的问题，推动符合条件的企业配备专职工会干部。要规范工会社会化工作者的选聘、使用、退出，把工会社会化工作者纳入社会工作专业人才队伍行列，为他们的职业发展创造空间。要不断强化对基层工会干部的激励和保障，健全完善工会主席合法权益保护机制。要进一步加大基层工会干部培训力度，采取多种形式，提高加强基层工会建设的能力。

（三）坚持问题导向、坚持改革创新，不断推进基层工会工作创新发展

坚持用改革创新精神破解难题。要精准确立改革创新的切入点，用创新思路和举措推进组建工会和发展会员，使工会组织形式与企业组织形式多样化的特点相适应，最大限度地实现工会组织的广覆盖。要采取“拿来主义”的态度，把他人的成功经验与本地实际相结合，以基层工会建设理论创新、实践创新、制度创新推进工作向更高层次发展。

坚持依照法治思维和法治方式推进工作。要善于用法治思维研究基层工会建设面临的新情况新问题，努力用法治思维理清基层工会建设思路，找到解决问题的方法举措。要做好依法建会与发挥作用良性互动工作，把推进基层工会群众化、民主化、科学化、法治化作为践行法治精神的具体行动，积极推进会员代表常任制、会务公开，把基层工会建设水平的提高建立在依法的基础之上。

坚持全心全意依靠会员群众谋求发展。要建立健全有关制度机制，使工会工作体现会员意愿，把会员满意不满意作为工作好坏的标准。要尊重基层首创精神，虚心问计基层，在基层的探索实践中找到工作对策和举措。要及时总结推广基层的创新做法和经验，善于把基层的创新实践转变为制度成果，以点带面，努力推动基层工作深度发展。

二、工会小组日常工作的创新思路

（一）工会小组日常工作中存在的问题

工会组织作为党与职工群众联系的桥梁和纽带，作为职工利益的代表者和维护者，只有立足大局，放眼长远，用新的观念和新的思维创造性地开展工作，才能适应新形势发展的需要，才能使工会小组工作争取主动，增强活力，在推进企业改革和发展的进程中发挥积极作用。在新的历史条件下，做好工会小组工作，必须用超前思维不断创新工会小组工作方法，使企业工会小组工作向法治化、规范化和科学化方向迈进。

但当前企业工会小组工作存在思想观念转变不够及时、创新意识不强，工作方法相对还存在滞后性等问题。

1. 工会小组活动没有新鲜感，缺乏新的突破

我们常说要把工会建成“职工之家”，但是有人容易理解成工会是职工的娱乐之家。会员每过一段时间，就要问问工会干部什么时候搞活动。工会小组一搞活动就是唱歌、拔河、球赛等诸如此类，稍微新鲜一点也就是一年举办一次书画比赛，或结合企业的工作开展一次演讲赛等，年复一年，循环往复，较难突破，缺乏结合生产实际的技术类活动项目。

2. 维权相对滞后，维护职能不够完善

维护职工合法权益、竭诚服务职工，是工会小组的一项基本工作，但在实际工作中我们的少数工会干部往往因为忙于事务性工作，没有及时了解职工的思想动态，没有有效地向上级反映职工的呼声，没有为领导决策提供可靠的参考意见。经常是出现矛盾时，听到了职工的不同反映后，才想到了维权的职能，没有从源头及时维护职工的权益，工作总是慢一拍、晚一步。

3. 部分工会干部思想相对保守

没有及时引进新思想、新思维创新工作方法。工会小组工作能否有新的突破、适应企业发展的要求，工会干部的素质是关键。现在许多工会干部由于长期做工会小组工作，形成了一整套工作方法，工会小组工作继而

成为约定俗成，不愿有所创新，年年照抄照搬；有的工会干部平时不愿学习，政治、法律、经济知识没有新的增长点，依然是老牛拉车，领导点拨一步，就挪一步，始终跟在企业发展的后面亦步亦趋，与企业生产经营发展不同步、不超前。

（二）工会小组日常工作的创新思路

中国工会组织是党联系群众的桥梁和纽带，是职工合法权益的维护者。工会组织的性质和职能决定了工会小组在构建和谐企业中肩负的使命和责任。要建设一个和谐企业，工会小组工作必须与时俱进，勇于开拓创新，才能跟上时代的发展和要求。

1. 在进一步完善职工民主管理制度上要有所创新

职工民主管理是工会维护职工合法权益的主体渠道。完善职工民主管理制度就必须从制度上加以创新和规范。因此在出台企业重大生产经营决策，尤其是涉及职工切身利益的事项时，要在坚持职工代表审议的基础上，重点加强三项制度建设。首先是推行职工代表听证会制度，组织企业有关方面人员代表，对其必要性、合规性、可行性进行听证，以此作为职工代表大会审议、通过企业重大决策的前提和必要程序。充分征求职工代表的意见，集中群众智慧，共商企业大计，完善议案议题。其次要引入票决制，以无记名投票的方式进行表决，让职工放下思想包袱，最大限度地了解职工群众的真实意愿。再次是要推行企业职工代表巡视制度，把职工代表巡视制度作为一项延伸企业民主管理的重要举措来抓。通过巡视来监察管理部门的工作效能，了解企业生产管理的情况。巡视工作的内容要放在企业的难点和职工群众关心的热点工作上，如企业发展重大项目的建设情况、职工代表大会提案办理情况以及劳动制度、安全生产、劳动保护、劳动报酬情况等。

2. 在进一步协调企业劳动关系上要有所创新

随着企业用工制度的改革，企业劳动关系的协调工作尤其重要。协调好、维护好和谐稳定的企业劳动关系，是工会的一项重要工作，是促进企业和谐发展的有效手段，必须下功夫做好。工会小组要依照《劳动法》

《工会法》《劳动合同法》等法律法规，协调好劳动关系，进一步探索建立涵盖职工的家庭生活、工作状况等内容的资料库以及促进职工与企业关系和谐的分析机制，通过制度化的管理，超前预防和化解企业劳动关系中可能发生的问题和矛盾。要加强工会的调解组织建设，形成一级向一级负责的劳动争议调解工作组织。坚持预防为主，把劳动争议的问题解决在萌芽状态。工会小组长要经常深入生产一线，到职工群众中去，加强与他们的沟通交流，掌握他们的思想动态，倾听他们的心声。通过调研、恳谈等形式，使职工有话能说、有话敢说，使管理者有真话可听、有良言可鉴。让职工真正感到自己是企业的主人，焕发工作热情，发挥聪明才智。在管理上要体现人性化，多一些工作沟通，多一些互相理解，少一些误会，少一些积怨，形成宽松、民主的企业氛围，创造和谐的企业劳动关系。

3. 在进一步提高依法维权的水平上要有所创新

工会组织的性质和职能，要求工会小组长要牢固树立职工利益无小事的观念，必须把维护职工的合法权益、竭诚服务职工群众作为自己的工作重点。在维权工作上要重视运用法律法规，在维权的着力点上要提高源头参与的水平。企业涉及职工利益的政策出台，工会小组应该是第一知情者、首先参与者，必须在第一时间了解和掌握方案实质的内容，以利于依法维权。岗位聘任、收入分配、社会保障、职工福利等应成为工会维权的重点领域。维护职工合法权益，管理上要让职工有参与权，安全生产上要让职工有身心健康权，教育培训上要让职工有提高素质权，物质文化上要让职工有享受权。同时，工会也要维护企业利益。工会小组要把企业的决策及时向职工群众进行宣传，使职工了解领导决策的意图，同时要广泛征集职工意见，反馈至企业决策层，使之决策更科学。依法维权要机制创新，把维权工作融入企业的改革发展之中，让职工的权益得到有效保障，使企业持续健康发展。

4. 在培养职工队伍的自主创新上要有所创新

创新是发展的前提，与时俱进是企业创新的精神动力，自主创新可以使企业充满活力，可以提升企业的经济效益。发挥工人阶级的主力军作用，加快职工队伍的知识化进程，培养大量的技能型、专家型职工，是企业工会的两项重要工作。工会小组应该发挥自身优势，发动职工立足本职、群策群力，出点子、想办法、提合理化建议等，并积极投身技术改进。与此同时，要通过广泛的岗位练兵和技术比武、劳动竞赛、合理化建议等形式，为职工充分搭建各种学习交流的平台，提升职工的创新能力。要加大企业急需的复合型人才的培养力度，动员小组职工积极参与企业的经济技术创新，增强企业技术实力，提高企业的竞争力和可持续发展的能力。

总之，提倡建设学习型、服务型、创新型工会，是推进工会组织自身建设的需要。工会小组要不断解放思想、改革创新，将学习、服务、创新的行动体现在工会维权能力建设的实践中，使工会的建设不断适应工会事业发展的新要求，不断把“三型”（学习型、服务型、创新型）工会建设引向深入。学习型、服务型、创新型三者紧密联系，相辅相成，共同构成一个有机的整体。在三者关系中，学习型是基础，服务型是目的，创新型是导向。学习型、服务型、创新型三者关系是由它们内在一致性决定的，切不可分割开来理解。因为建设学习型工会小组，就要围绕问题来学习研讨。工会小组长要有问题意识，围绕问题而学习，紧紧围绕职工群众最关心、最直接、最现实的利益问题，最困难、最操心、最忧虑的实际问题开展工作。在学习中维护职工权益，在反思中维护大局利益，在行动中服务基层，在快乐中服务职工。建设服务型工会小组，要围绕班组职工的需求、迫切要解决的具体利益问题，为职工搭建服务平台、服务载体、服务形式，开展形式多样的、丰富多彩的有益于职工身心健康的活动，让职工群众真正感受到工会是“职工之家”，工会干部是最可信赖的“娘家人”。建设创新型工会小组，不论是理论创新，还是实践创新，最终必须落实在转变创新机制、创造性地解决问题上。时代在发展，事业在创新，工会工作也要发展，也要创新。要顺应时代要求，适应社会变化，善于创造科学有效的工作方法。只有把握了它们内在的一致性，才能把学习型、服务型、创新型工会真正建设到位，从而提高工会建设的科学化水平。

建设学习型工会小组是基础。当今没有无所不能的组织，只有不断学习的组织。组织成员要始终保持可持续发展，克服本领恐慌，不断提高自身的竞争力就必须加速学习。建设学习型工会小组为服务型和创新型工会小组的建设提供了思想理论指导，使工会小组能够把握正确的政治方向，为工会干部服务职工、创新工会小组工作方法提供了必备的能力和持久的动力。

建设服务型工会小组是目的。工会在党、政、工三者关系中，要明确工会的定位，在“三服务”（服务大局、服务企业、服务职工）中要明确工会的服务功能，即工会为谁服务、如何服务、谁来服务、以什么方式服务、服务的标准是什么等。服务大局、服务企业、服务职工是中国工会的本质特性，是最重要的维权方式，也是工会最鲜明的特色。

建设创新型工会小组是导向。实践永无止境，创新永无止境。推进工会小组的实践创新，要求工会始终把改革创新精神贯彻到工会小组工作各个环节。工会小组如果没有创新意识、创新精神和创新能力，就会抱残守缺、故步自封，跟不上时代潮流和社会发展进步的要求。只有坚持理论创新，才能促进学习型工会建设，在工会小组形成不断学习、不断创新、不断进步的氛围和制度自觉。只有坚持服务创新，才能增强工会的活力，更好地服务大局、服务基层、服务职工，进一步促进服务型工会小组建设，更新服务理念，增强服务意识，提高服务水平，才能使工会的建设不断适应工会事业的发展要求，始终充满生机和活力。

“三型”工会小组目标的提出，使工会小组长期以来高度重视的学习、服务、创新工作更加系统化、科学化，并使其上升到一个新的高度，成为新的历史条件下工会小组自身建设的重要目标，更表明工会对自身建设规律的把握更自觉、更全面、更深刻。

【案例 1】

某公司工会创建学习型班组实施计划工会工作计划

为贯彻落实集团公司《关于“创建学习型组织，争做知识型职工”活动 2022—2024 年实施方案》的精神，经研究，决定在全处开展创建学习型班组活动，特制定本办法。

一、指导思想

以习近平新时代中国特色社会主义思想及党的二十大和二十届二中、

三中全会精神为指导，贯彻《集团公司工会创建学习型班组实施意见》精神，结合货运处班组建设的实际，导入创建学习型组织的理念，营造班组学习的浓厚气氛，构建班组团队学习、系统思考、创新变革的机制，提升班组的效益、管理、创新指标，提升职工的学习、技术运用、变革创新、自主管理、群体超越的能力，为我处创建学习型企业奠定坚实的基础。

二、创建理念

根据学习型组织有关理论，在创建学习型班组的过程中，要确立以下理念。

1. 组织学习理念。组织学习要求组织成员首先要抓好自身的学习，因为组织学习始于成员的学习，没有个人的学习，组织是无法学习的；组织学习要求把个人的学习组合到组织中来，与人共享，以产生新的设想；组织学习要求在组织内运用、传播知识，以增强组织自身能力，改善组织的行为和绩效，检验学习成效的标准是组织绩效的提高；组织学习要求在学习掌握知识，建立知识架构、知识内容、知识系统的同时，更注重提高组织的学习能力。

2. 完善思想理念。创建学习型组织必须推进组织的深度变革。深度变革是将组织内部改变和外部改变结合起来的组织变革，也就是把硬件的改变和软件的改变结合在一起。内部的改变包括价值观、愿望、行为、习惯，外部的改变包括程序、战略、实践和组织架构。创建学习型组织要求组织成员不断进行自省和反思，改变自身固有的不适应新的形势要求的思想观念、思维方式、认知模式、愿望、要求等，突破思维心理的屏障，通过内部的改变发现组织存在的问题以及创新变革的阻力、机会、方向，推动和实现组织的创新变革。

3. 系统思考理念。系统思考要求运用系统的观点看待组织的发展，要求从看局部到纵观整体，从看时间的表面到洞察其变化背后的结构，以及从静态的分析到认识各种因素的相互影响，进而寻求一种动态的平衡。系统思考要求看到组织中各种事件是相互联系而不是孤立存在，看见组织的变化是循序渐进的而非稍纵即逝的，敏锐地觉察到系统整体的各个组成部分的微妙“搭配”，从而更准确地把握组织发展的趋势，寻求正确的创新和变革之道。

4. 共同愿景理念。共同愿景指一个组织中各个成员发自内心的共同目标，它高于个人的愿景，它是组织中所有职工共同愿望的景象，是他们的共同理想。建立学习型组织要求组织有明确的愿景，帮助和激励组织成员主动而真诚地奉献和投入，引导和规范组织成员的学习行为，从而保证组织成员学习目标的一致性。

5. 自我超越理念。自我超越是实现组织目标的精神基础。自我超越需要不断认识自己，认识外界的变化，不断地赋予自己新的奋斗目标，并由此超越过去，超越自己，迎接未来。建立学习型组织要求通过营造全员终身学习的机制和环境，激发职工的智慧和潜能，不断突破成长上限，实现自我超越，在工作中体验生命的意义。

三、创建目标

1. 班组具有明确的发展愿景，重视成员的个人愿景，并使班组愿景与个人愿景相一致。班组成员了解班组的愿景，并具有实现班组愿景的强烈的使命感。

2. 班组长具有系统思考的概念，重视班组变革管理，并组织职工参与。

3. 班组有持续学习、持续改进的良好气氛，有健全的学习制度，班组成员有个人学习发展的计划和目标。班组创造条件支持各种学习活动，创造班组成员持续学习、充分发展的机会，重视班组成员职业生涯发展。

4. 班组鼓励班组成员的创新，鼓励班组成员将所学知识用于工作，重视班组成员学习能力、专业能力、创新能力的培养和发展，并能取得成果。

5. 班组内部具有较强的团队精神，能够坦诚沟通、相互信任、分享学习成果，能进行有效的自主管理。

四、创建要求

创建学习型班组的主要方法和途径如下。

1. 建立班组“创争”活动宣传栏。在班组工作场所或休息场所，宣传创建学习型班组的有关理念，宣传班组建设发展的愿景，宣传班组“创争”活动的目标、规划及活动安排，公布班组“创争”活动的成果。

2. 开展班组内部学习培训活动。

(1) 班组根据生产工作的要求，制订和实施内部学习培训计划，根据计划逐步实施。

(2) 每个职工根据自己的岗位职责提出个性化的学习计划和目标，班组为他们的学习创造有利条件，帮助他们达到目标。

(3) 班组内部的学习培训要突出互动学习、团队学习和学习共享，利用工余和班前班后时间进行，请上级主管、专业部门和班组内学有所长、学有所得的职工担任教员，着重进行岗位技术技能和班组专业领域内的新知识的培训，形成班组内部浓厚的学习氛围。

3. 把班组学习培训和班组创新紧密结合起来。

(1) 班组要成立课题小组。

(2) 根据生产工作的实际要求，组织课题小组在学习交流研讨的基础上，定期确定管理、质量、成本、工效方面的创新课题。

(3) 对创新的成果，班组要及时进行发布表彰。

4. 建立职工学习档案，制订职工个人学习成才计划，为职工学习成才提供辅导、服务、支持。

5. 建立班组内部学习培训的激励机制。对班组内学习成果突出、创新成绩突出、担任教员表现优秀、练就掌握绝技绝活的职工，班组内部和上级部门要给予奖励，或者提供进一步学习、施展才能的机会。

五、创建规划

第一阶段：普及阶段。2022—2023 年，各单位要确保 50% 以上的班组参加创建活动。各支部书记为第一责任人，分会主席为具体责任人。

第二阶段：巩固提高阶段。2023—2024 年，各单位百分之八十以上的班组开展了创建学习型班组活动。参加创建的班组要在班组内部形成四个机制，营造一个气氛。四个机制：团队学习机制、交流沟通机制、成果共享机制、创新变革机制。一个气氛：班组内形成全员学习、全过程学习、终身学习、快乐工作和工作学习化、学习工作化的气氛。

第三阶段：创新发展阶段。2024 年以后，各单位开展创建活动的班组比例稳定提高。

参加创建活动的班组要努力达到以下要求。

1. 班组内能有效进行系统思考、深度会谈、反思反馈，形成较强的组织学习能力和较快的学习速度。

2. 培育班组强烈的团队精神。

3. 持续取得创建活动的成果。

【案例2】

某公司：全力打造“学习型、创新型、服务型”工会

为深入贯彻落实习近平新时代中国特色社会主义思想和上级工会和公司党委的一系列指示精神，公司工会始终瞄准“服务”二字，以服务公司生产经营中心工作，服务职工工作生活需求为宗旨，坚持思想引领、服务为先、多元链接、共建共享，积极探索实施“五建五创”工作模式，着力加强建设民主之家、文明之家、安全之家、效益之家、温暖之家，突出抓好工作创优、活动创新、服务创佳、业绩创先、队伍创好，认真做好职工思想引领、素质提升、建功发展、依法维权等工作，全力打造“学习型、创新型、服务型”工会，着力推动公司实现高质量发展。

一、创新学习方式“长”见识

创建学习型工会组织，是新形势、新任务的必然要求。该公司在着力提高工会业务专业技能水平方面主动出击，采取“请进来+走出去”相融合的方式，积极组织工会干部、职工代表、女工、群安员、班组长等相关人员进行专业知识培训学习，共同提升促发展。

为祛除以往培训方式枯燥、乏味、走流程的通病，该公司采取“请进来”的创新培训模式，邀请矿业工会主管安全班组建设工会主席为参学人员送上一套群众安全知识“营养大餐”，新颖的培训视角让参学人员耳目一新，列举实例现身说法让授课内容更“接地气”，使职工爱吃、容易消化，且更容易入脑入心。在前往矿井对标交流党建工作中，该公司工会提早精心准备，带着问题进行交流、学习。每到一处都认真阅览工会工作基础资料，现场“取经”，进一步促进了该公司工会工作的提升。

该公司工会表示，无论是“请进来”还是“走出去”，都是为了让工会干部更直接地看到、学到更多的知识，感受到不一样的工作方式方法。始终坚持不断地学习，不断地提高，做到学用结合，切实把学到的东西运用到工作中去，努力做好新时代工会工作，更好地为职工服务。

二、创新工作平台“得”实效

为了提升工会工作水平，让服务发挥最大效能，该公司工会以“五创”为载体，借助“互联网+工会”平台，全面抓好工会基础工作和管理。

该公司工会充分发挥职工文体协会和基层文艺骨干的力量，结合安全生产实际，创新活动形式，坚持竞赛与趣味相结合，大型活动与日常活动相结合，统一组织与群众性相结合，生活与艺术相结合的方式，使广大职工积极投身到职工文化建设中来，激发他们对幸福生活的追求和渴望，为干好本职工作、奉献企业汇聚能量。

该公司工会高度重视科研技术创新工作，紧密联合职能部门开展“五小”创新、“三小一练”、“劳动竞赛”、“技术比武”、“导师带徒”等工作，以公司学术带头人、科技拔尖人才等先模群体为领军人物。认真制定考核细则，设立组织机构设置奖罚制度。近年来，“五小”创新共计40余项获奖，成效显著。职工们在“比、学、赶、超”的活动中提升了专业素质，也在公司的创新创效中不断实现了自我价值，达到了互利双赢的良好效果。

三、全心为职工服务“赢”人心

该公司工会始终秉承“全心全意为职工服务”的宗旨，维护职工权益，推动改善职工生活质量。一是为了能让基层职工有个舒心的“家”，配备了电视机2台、照相机1台、篮球板4个、净水机4台、热水器1台、洗衣机1台、健身器材若干组。二是加大对困难职工的帮扶力度，把“有困难找工会”的口号叫响，广泛开展送温暖、爱心助学等活动，为职工购买互助保险，协助党政部门解决职工在就医、就业、子女上学等方面的实际困难，努力为广大职工办实事好事，保护调动发挥好广大职工的积极性，为维护稳定、构建和谐社会出力献策。三是为了构建和谐幸福企业家园，体现对退休职工的关心关爱，为退休职工举办温馨而隆重的集体“毕业礼”。

习近平总书记指出，全心全意依靠工人阶级不能只当口号喊、标签贴，而要贯彻到党和国家政策制定、工作推进全过程，落实到企业生产经营各方面。公司工会努力打造“学习型、创新型、服务型”工会，带领好服务好职工群众，让职工以积极健康向上的心态，饱满的工作热情投入生产工作当中，为实现公司高质量发展建功立业。

第十章

工会小组的台账记录范本

工会小组台账是工会最基层的、最基础的数据和文字资料，是最原始的工会活动记录，是记录工会小组开展各项活动的基本档案。它对工会小组在正常地开展各项工作和活动中，不断地总结经验、缩小差距，修正不足，提高工会小组的管理水平，推动工会小组工作，具有十分重要的作用。

第一节　工会小组台账的记录要求

抓好工会小组台账管理是加强和深化班组基础管理的需要，是加强和深化建设“职工小家”工作的需要。

一、工会小组台账的基本特点

工会小组台账具有原始资料的参考和借鉴价值，工会小组台账记录内容的基本要求是及时、齐全、准确、清晰。

二、工会小组台账的实施要求

（一）及时

每次开展活动后随时做好记录。需要强调的是，在做完一项工作或开展、组织了一项活动后，要及时、认真地进行记录，要尽量避免补记、追记的现象。有些细节或比较有价值的东西如果遗忘了，可能对今后的工作造成损失。因此，要以严肃认真的态度，及时认真地进行整理、记录。

（二）齐全

每次开展活动的情况都要认真记录，包括参加人员、活动的内容以及日常所需要的必要资料。需要强调的有以下几方面。

一是为了能够更好地掌握会员的基本情况，利于开展工会活动，作为工会小组长，要注重发掘工会开展活动所需要的方方面面的人才，在职工爱好、特长方面要进行了深入、细致的了解，对每一名职工的情况都进行认真的记录，为小组开展各方面活动积累第一手资料。

二是对职工其他情况，如职工的身份证号、参加工作时间、本系统工作时间，以及家庭联系电话、手机号等也应该认真记录，但是一定要征得职工本人同意。

三是应记录职工的相关奖励情况，以便于查阅有关情况和资料。

四是在记录工会小组活动的过程中，要本着简、便、全的原则。简，就是要尽量简洁，全面而不烦琐。便，就是在记录时，要尽量便于查阅、总结和考核。全，就是全面记录工会组织开展的各项活动。

总之，工会小组活动的内容，涉及了多个领域，包括班组民主管理活动、宣传教育、生产经营、文化体育以及群众生活等各个方面。这些活动的开展，不仅涉及每名职工的切身利益，也能够体现职工的主人翁意识。因此，全面地做好工会小组活动台账记录，不仅表明了开展了哪些活动，也说明了职工用实际行动参与了企业的建设，促进了企业的发展。这些记录正是职工热爱企业、热爱本职工作的最好见证。

（三）准确

目前，台账记录中存在的问题主要体现在以下几个方面。

1. 召集人和主持人

工会小组在组织各项活动的时候，工会小组长是活动的组织者，是要对工会小组各项活动负责的人，是其他人不能够随意替代的。假如工会小组长由于某种原因不能够组织某次活动，也要由他委托其他同志进行临时的组织和管理。班组长在活动中可以提出一些希望或者要求，但做决定的依然是工会小组长。

工会小组长的工作要想抓好、抓出成效，一定要主动争得班组长的重视、支持和帮助。工会小组开展的一切活动，必须紧紧围绕班组的生产经营和促进班组建设，工会活动是服从并服务于班组生产经营的。工会小组长的工作态度和工作方法，决定其能否得到相关干部如班组长的重视和支持，这一点是非常重要的。工会小组长要在班组的生产经营中，充分发挥主观能动性，积极协助班组长，在完成各项生产经营等指标中，动脑筋，想办法，真正做到有所作为。工会小组活动开展得好坏，和班组荣誉紧密相连，工会小组长要在班组长的支持下，搞好小家建设，不断迈向新的台阶。

2. 工会活动和班务会

哪些是工会小组开展的活动，哪些是班务会，要有一个清楚的认识。

工会小组参与各方面的活动很多，包括班组民主管理、群众生产、劳动竞赛等内容，工会小组活动主要有以下几个方面。

（1）工会小组年度工作计划。

（2）上级工会的决议、指示和工作部署。

（3）组织征集的职工代表大会提案以及组织落实职工代表大会通过的有关议案和决议的情况。

（4）职工的意见、建议、愿望和要求。

（5）组织参加劳动竞赛、提合理化建议活动情况，在活动中涌现的好人好事以及总结出的先进经验。

（6）班组职工政治、文化、技术、业务知识的学习和组织开展的文体活动情况。

（7）关心职工生活，热心为职工办实事，进行家访、谈心，了解组织小组职工群众开展的经济、生活互助互济和生活困难职工的补助和救济工作的情况。

（8）女职工工作情况。

由此可见，工会小组活动有其自身的特点，而工会小组台账就是要记录与工会小组开展的上述活动有关的内容。工会小组活动记录不是班务会的记录，班长组织召开的班务会，安排的生产活动、年度或阶段总结，是不作为工会活动进行记录的。

（四）清晰

文字、版面，是给别人看的，是原始资料的积累，是队伍整体素质的体现，也是个人综合素质、精神、气质的体现。

1. 对预先知道将要开展的活动内容，可以事先进行编辑。

2. 对要在会上进行讨论的内容，先在其他纸张上进行记录，然后整理。

要求记录者要以认真的态度，把字写工整，这不仅表明对工作的重视程度，也是对会员职工和上级工会的尊重。

3. 内容条理清晰

（1）不需要长篇大论，只要把开展活动的内容逐条写清楚就可以。

（2）简明扼要，把活动中的重点内容、经验性的东西进行记录，如在活动中重点做了什么，有什么经验或者教训等。

（3）必要的或者重要的信息或资料，如动员职工参加保险。

总之，工会小组在台账的记录过程中，不要眉毛胡子一把抓地把所有的过程、经过都写上，要善于总结，有条理地进行分析和记录。

第二节 工会小组台账的记录范本

第一部分 工会小组的目标管理考核样本

【案例1】

××公司工会小组工作目标管理考核表（样本）

考核单位（盖章）： 年 月 日

考核内容	自评分	考评分
1. 工会小组认真学习贯彻党和国家的方针政策和分公司的各项规章制度。(8分)		
2. 工会小组组织健全。(8分)		
3. 建立健全学习制度和学习计划，以学习党的二十大和二十届二中、三中全会精神、《劳动合同法》、《工会法》等内容为主。(10分)		
4. 能贯彻执行上级工会指示，完成上级工会部署的各项工作。(10分)		
5. 工会小组年初制订工作计划和年终总结，认真做好先进集体和先进个人的评选和推荐申报材料，按规定时限和保证质量报送文字资料。(10分)		
6. 工会小组严格执行公司制定的《厂务公开实施细则》，并不断深化和运作规范。(8分)		

续表

考核内容	自评分	考评分
7. 工会小组经常开展法治宣传教育，切实维护职工的合法权益，抓好《工会法》《劳动合同法》的学习贯彻落实。(10 分)		
8. 按时、按要求上缴工会经费和会费。(10 分)		
9. 在经费使用上无任何违反财经纪律的情况。(5 分)		
10. 结合本单位实际，因地制宜在“元旦”“五一”“十一”和春节等节日积极组织开展健康有益的文体娱乐活动。(8 分)		
11. 积极组织参加公司职工技能比武和体育比赛活动。(5 分)		
12. 积极配合公司狠抓安全生产、劳动保护工作，认真开展群众性监督检查活动，发现事故隐患及时督促整改。(4 分)		
13. 关心职工生产生活，深入实施送温暖工程。做好日常和重大节日看望和慰问生病住院职工和特困职工等工作。(4 分)		
合计		

说明：目标考核重在量化考核，任务完成情况决定考核分数，各项目如果因客观原因，须在考核前写出原因报领导审批许可，以此作为不扣分依据，其他情况一律视为未完成，按实际情况扣分。

考核小组签字：

【案例2】

××工会小组20××年度主要工作目标考核自查表（样本）

工会小组名称　　　　　　　　　　　　　　　　　　年　月　日

考核项目	序号	考核内容	分值	计分标准	考核方法	自查分
组织建设（15分）	1	工会组织健全，按民主程序选举工会小组长、工会会员代表、职工代表	5	未按规定，视情况扣分	平时考核	
	2	工作有计划、有总结	5	4月15日前上报工作计划；12月25日前上报年度工作总结。每少一项扣2.5分	查资料	
	3	建立工会小组日常活动的工作制度和机制（如工会小组组长民主选举制度、工会小组活动制度、民主生活制度、业务竞赛制度等）	5	未建立，视情况扣分	查资料	
民主管理（15分）	4	组织职工讨论和参与制订本部门工作计划、规章制度等	4	未组织，全扣	平时考核	
	5	涉及职工切身利益的有关内容利用多种形式进行公开，充分发扬民主	5	未公开，视情况扣分	平时考核	
	6	积极参加工会组织的合理化建议和“五小创新”征集活动	6	每半年提交一条，分别在6月22日前和12月22日前上报。每少一条扣3分。每多提交一条加0.5分，加分上限为6分	填报合理化建议申报表和“五小创新”成果申报表。查资料	

续表

考核项目	序号	考核内容	分值	计分标准	考核方法	自查分
思想道德教育（12分）	7	定期组织政治、业务、技术学习，职工参与率达95%以上	4	未组织、参与率未达标准，视情况扣分	平时考核	
	8	组织职工参与精神文明建设活动	4	未组织，视情况扣分	平时考核	
	9	职工有良好的职业道德，职工队伍精神面貌好	4	职工有违纪行为，受到部门或公司的通报批评，视情况扣分	检查考核	
为中心工作服务（18分）	10	紧紧围绕中心工作，调动职工的积极性，投身企业发展建设中	7	未组织，视情况扣分	平时考核	
	11	工会小组能起到桥梁和纽带作用，及时反映本部门教职工的呼声和要求	6	每季度最后一个月22日前上报职工稳定工作预警制度季报表，每少一次扣1.5分；发生职工集体上访事件全扣	检查考核	
	12	组织本部门职工开展或参加业务竞赛活动	5	未组织（参加），全扣	平时考核	
文体活动（12分）	13	积极组织职工参加公司开展的各项文体活动，参与率达到90%以上	7	无故不参加集体活动，每人次扣1分	检查考核	
	14	组织开展各项有益于职工身心健康的活动	5	未按规定，视情况扣分	平时考核	

续表

考核项目	序号	考核内容	分值	计分标准	考核方法	自查分
维护权益（12分）	15	维护职工合法权益	7	发生侵权事件，全扣	平时考核	
	16	开展互帮互助活动，帮助职工排忧解难，职工之间关系融洽	5	职工之间关系不好，视情况扣分	平时考核	
宣传工作（16分）	17	工会小组长经常浏览公司工会网站，及时掌握公司工会动态	4	视情况扣分	平时考核	
	18	每年至少向公司工会网站投稿2篇	4	每少一篇扣2分；录用稿件超过2篇，每多录一篇加0.5分；工会论文、调研报告发表或获奖每篇加1分。加分上限为4分	查资料	
	19	营造良好宣传氛围，及时宣传贯彻职代会和工会有关文件精神，会议精神落实到位	4	视情况扣分	平时考核	
	20	按时上报各类材料、报表	4	不按时每次扣0.1分，未上报每次扣1分		
工作特色（2分）	21	能结合实际，创造性地开展工会工作，工作有特色，有创新。	2	视情况加1—2分	考核查特色材料	
合计						

说明：1. 各工会小组稿件请投 xxx@ csctc. net；

2. 考核中涉及的相应报表请到工会网站“资源下载”中下载；

3. 职工稳定工作预警制度季报表从第二季度开始上报。

第二部分　工会小组的工作计划

【案例3】

××公司工会小组年度工作计划（样本）

为切实做好今年工会小组工作，根据上级工会的要求，结合公司工会小组工作的实际，制订工会小组工作计划如下。

1. 紧紧围绕公司的生产经营中心，大力开展群众性经济技术创新活动。组织开展全员业务技术大比武、岗位练兵、劳动和技能竞赛、合理化建议等活动，促进企业发展。

2. 大力开展精神文明建设活动，创建和谐企业。积极组织开展"双争"和"文明职工"评选、"文明班组"评选活动。

3. 大力开展"安康杯"竞赛活动，增强职工的安全意识。结合企业实际开展安全文化建设活动，组织开展"安全生产月"、安全知识竞赛、安全警句征集等活动，组织职工代表检查安全生产，督促企业有关部门整改事故隐患，督促企业增加安全投入，改善生产作业环境，推行事故隐患和职业危害"监控法"，保障职工的人身安全。

4. 坚持班组民主会制度，实行民主管理。坚持一年两次召开职代会，组织职工参与企业管理，坚持平等协商，签订集体合同、工资集体合同、劳动安全卫生集体合同、女职工权益保护集体协议，从源头上维护职工群众的合法权益。

5. 加强工会自身建设。健全和完善工会内部组织网络，选优配强车间分会主席、班组工会小组长，充分发挥工会内部组织网络优势，发挥工会作用。及时吸纳工会会员，壮大工会组织。

6. 积极开展工会工作"十强工会小组"创建活动、模范职工之家创建活动、会员评家活动、和谐企业创建活动，提升工会工作水平。

【案例4】

××公司20××年度创“合格职工小家”活动计划（样本）

年 月 日— 月 日

1. 组织指导职工与企业签订劳动合同。
2. 组织安全生产检查，排查安全隐患，督促整改。
3. 做好企业内部出现的劳动争议调解工作。
4. 组织开展“合理化建议月”活动。
5. 开展“争当文明职工”活动，开好动员会。
6. 准备分批对职工进行岗位技术培训。
7. 举办职工文体活动。
8. 做好困难职工的调查摸底工作。
9. 举办职工技术比武活动。
10. 走访慰问困难职工。
11. 组织会员评议工会和工会干部。
12. “文明职工”评选表彰、合理化建议活动总结表彰。

【案例5】

××院工会小组年度工作总结（范文）

一年来，本工会小组在机关工会和本院党支部的领导下，参加了机关工会组织的多项有意义的活动，并组织本工会小组成员进行了多次生动活泼的活动，有力地推动了我院的机关文化建设，工会小组的工作也受到本院领导肯定和会员的支持。现将一年来的工作情况总结如下：

一、工会小组基本情况

××院工会小组现有会员44人，其中男会员27人，女会员17人。年龄结构为40岁以上18人，30—40岁20人，30岁以下6人。

二、积极组织参加、完成机关工会组织、布置的各项活动和任务

1. 填报了机关各类文体协会参与群体情况调查表，统计工会会员参与文体活动的情况和意向，并提出意见和建议。

2. 进行了开发区首届全民运动会的动员工作，组织乒乓球比赛的报名工作。

3. 组织观看了中央电视台心连心艺术团演出。

4. 参加了机关工会对工会小组长的培训。

5. 收集了解本工会小组未婚求偶职工的情况，宣传并动员未婚求偶职工参加区工会组织的联谊活动。

6. 组织参加了开发区十八周年区庆职工联欢活动，编排了法警技能表演节目，全体会员参加了拉歌比赛并取得第一名的好成绩。

7. 协助本院党支部完成机关党委组织的参观、联谊等活动。

8. 参加并完成了机关工会的其他活动和任务，参加各种学习。

三、组织本小组会员进行各种生动活泼的活动

1. 举办了新春联欢会，进行了歌咏大会、乒乓球比赛、台球比赛和文艺演出活动，调动了会员在文体方面的积极性和潜能。

2. “三八”国际劳动妇女节期间，与本院有关部门一起组织了向开发区女职工送法活动，深入到××食品公司等多家企业与女职工座谈，向她们宣讲法律，收到很好的社会效果。

3. 与党支部联合举办了喜迎党的二十大演讲比赛和座谈会，提高了会员的政治意识，增强了会员的责任感和使命感。

4. 组建了本院的合唱队、舞蹈队、乒乓球队、戏曲爱好小组等，利用中午休息时间进行活动，营造了浓郁的文化氛围，提高了全院整体的文体水平。

5. 编排了一场集演唱、舞蹈、戏曲、朗诵、技能表演等各种形式的文艺演出，以展现我院的文化建设成果和精神面貌。

6. 对失去亲人的职工进行慰问，体现了大家庭的温暖。

7. 从关心职工的角度出发，了解本小组中未婚求偶职工具体情况和择偶要求，为他们提供条件、创造机会解决问题。

8. 科学合理地使用了基层工会小组文化活动专项经费。

××经济技术开发区人民法院

第三部分　工会小组的学习记录

【案例6】

××公司工会小组学习记录（样表）

学习时间		学习地点	
主持人		记录人	
参加人数		未参加人姓名	
学习主题			
要点记录			
学习体会			

【案例7】

××企业工会小组学习记录（样本）

学习主题	学习党的二十大报告
学习时间	2023年××月××日
学习地点	二楼会议室
主讲人	××
参加人员	××　××　××　××　××
学习内容	学习宣传贯彻党的二十大精神　奋力开创新征程党的工运事业和工会工作新局面 一、坚持历史与现实相统一加强学习，深刻理解过去五年工作和新时代十年伟大变革的重大意义，坚定拥护“两个确立”、做到“两个维护”。 二、坚持理论与实践相结合加强学习，深刻理解习近平新时代中国特色社会主义思想的世界观和方法论，运用好贯穿其中的立场观点方法。 三、坚持战略与策略相衔接加强学习，深刻理解以中国式现代化全面推进中华民族伟大复兴的使命任务，更好落实全心全意依靠工人阶级方针。

续表

学习内容	四、坚持内因与外因相关联加强学习，深刻理解以伟大自我革命引领伟大社会革命的重要要求，把工会组织建设得更加充满活力、更加坚强有力。 五、坚持当前和长远相贯通加强学习，深刻理解团结奋斗的时代要求，打牢职工群众共创伟业共同思想基础。

【案例8】

××企业工会小组学习记录（样本）

活动时间	××年××月××日	活动地点	××工区运检二班	记录人	××
会议名称	班务会、民主生活会（合并召开）				
参加人员	运检二班全体人员				

邵×（工会小组长）：今天我们召开班务会和民主生活会，共三项内容。

一、传达学习局七届一次职工代表大会会议精神

本次会议的主要任务是：认真贯彻落实××电力公司七届一次职工代表大会暨2022年工作会议精神，回顾总结2022年工作，分析面临的形势，明确“十四五”发展目标，全面部署2023年重点工作，推动我局各项工作向更高目标迈进。

我局2023年安全生产工作目标是：不发生重伤及以上人身事故；不发生重大及以上电网、设备事故；不发生恶性误操作事故；不发生重大及以上火灾事故；不发生负同等及以上责任的重大及以上交通事故；不发生信息安全事故；不发生对全局造成较大影响的安全事件；实现安全年。此外，集体经营实现产值和利润与2022年持平。行风建设再站全市排头；保持职工队伍稳定，不发生群体越级上访事件。

××局长要求，2023年做好八项重点工作：一是以“创无违章企业”为目标，夯实基础，确保安全；二是以“安全、优质、高效”为标准，全面完成电网建设任务；三是以“构建大营销、大服务格局”为统领，持续提升营销管理水平；四是以人财物集约化管理为重点，强化企业经营管理；五是以创一流为载体，实现农电企业新发展；六是以提高市场竞争力为重点，开创集体企业新局面；七是以“创先争优”为载体，以党建带工建、带团建，实现和谐共建；八是以提升队伍素质和企业素质为目的，进一步强化执行力建设。

××书记作大会总结讲话：这次会议是一次深入贯彻落实××电力公司七届一次职代会暨2022年工作会议精神，总结经验、部署工作、共谋发展的重要会议，更是一次继往开来、集思广益、凝心聚力，确保我局改革发展顺利推进的大会，实现我局科学发展产生积极的推动作用。一要从大局出发，切实加强安全生产管理工作，严格落实各级人员安全生产责任制，确保节日期间安全可靠供电；二要统筹安排好节日前后各项工作；三要严格执行党中央及××电力公司关于廉政建设和反腐工作的各项规定，培养健康的生活情趣，保持高尚的精神追求，过一个健康向上、团圆美满的春节。

二、总结近期工作，部署下阶段工作

曹×（安全员）：近段时间在作业现场工会安全监督员充分发挥了作用，执行了安全监督员的职责。加强了现场安全工作的管理，严肃查纠违章行为，严格执行“两票三制”，圆满地完成了线路巡视工作。

×飞（技术员）：在下一阶段对危险性施工难度较大的工作应做好相应措施，确认安全可靠，做好相应安全措施，积极开展隐患排查，预防发生电网、设备事故，保障迎峰度冬设备安全可靠运行。

林×（班长）：前阶段工作，我们班组完成得比较好，完成了周期性巡视工作，同时也走访慰问了护线员，加大了线路宣传保护力度。本月我们的工作还有很多，日常巡视、风电线路验收等。我们一定加强责任心，对工作周密安排，精心组织，各负其责，工作到位，抓安全，抓隐患，同时开展好安全、技术培训工作，提高人员的安全意识和技能素质，坚决杜绝习惯性违章。年终岁尾了，又刚过完元旦，大家一定要尽快收心，把全部的精力投入工作中去，确保迎峰度冬电网、设备、人身的安全。

措施：

认真组织学习“节日期间保供电”方案，继续到线路周边村庄做好护线宣传工作。

技术员、安全员认真完成PMS系统录入工作，同时做好技术、安全培训计划，为下一阶段班组培训学习做好准备。

定期检查试验安全工器具，及时更换不合格工器具，在春检前做好准备工作。

三、建立职工技能提升激励机制

林×（班长）：从今年起，在局、工区举行的劳动竞赛、技术比武、岗位练兵、知识竞赛、技术交流等活动中，取得成绩的同志除局、工区给予的奖励外，班组也给予相应的奖励。希望能激发同志们的学习热情，在平时边进行培训边考核，将技能考核结果与待遇相挂钩，使同志们的技术素质与业务能力不断提高，为企业、工区持续发展，增强后劲。

朱×（技术员）：我认为班组建立技能提升激励机制是非常好的提议。通过激励机制打造学习型班组，是适应知识化、信息化的需要，通过把职工零散的、自发的学习纳入有组织的学习管理之中，增强学习内容的系统性和针对性，并将学习渗透到生产工作的各个方面，使工作与学习相互融合、相互促进，实现工作学习化和学习工作化。

邵×（工会小组长）：建立职工技能提升激励机制，可以不断提升职工素质，提高职工的操作技能，以职工培训与自我学习为前提、以岗位练兵与技术比赛为基础、以提高职工素质与生产水平为目的，并采取“五个坚持”的方法，在班组全面实施全员全过程培训，提高自身的综合素质。

第四部分　工会小组的合理化建议档案

【案例9】

××公司关于开展合理化建议月活动的通知（样本）

各车间、科室：

为更好地组织职工为企业的发展献计献策，针对企业目前的管理现状，经研究组织开展“我为企业献一计，让金点子亮起来”合理化建议活动，现将有关事项通知如下。

一、活动主题：开源节流、降本增效。

二、活动时间：××月—××月。

三、参加人员：全公司职工。

四、表彰奖励：职工所提建议一经采用，根据建议的价值情况予以表彰奖励。

五、要求：各车间、班级要针对本岗位、本单位的薄弱环节，引导职工充分发挥自身的聪明和才智，为企业献计献策。

××公司工会委员会

年　月　日

【案例10】

××公司合理化建议征集表（样本）

建议人或集体		岗位
合理化建议或技术改进内容		
具体实施方案及措施		
主要建议人		年　月　日

注：1. 本单位职工要积极参与，所提建议要围绕公司的生产经营、职工的生活福利、业余文化生活；

2. 所提建议可以是某个集体也可以是个人，建议一经采用，将给予奖励，在生产技术方面的建议特别有价值的建议将给予重奖。

【案例11】

××公司合理化建议活动总结（样本）

今年三月份，针对企业管理的现状，组织职工开展了以“我为企业献一计，让金点子亮起来”合理化建议活动。经广泛宣传，各车间、科室精心组织，先后有______名职工参与活动，收到有价值的合理化建议______条，已采用______条，表彰奖励等职工______名，奖金额为______元，有价值的合理化建议有______条。如：

××公司工会委员会

年　月　日

【案例 12】

××企业工会小组合理化建议统计记录（样本）

季度	收集数量（条）	收集时间	报送数量（条）	报送时间
一季度	生产类： 管理类： 生活类： 总计：		生产类： 管理类： 生活类： 总计：	
二季度	生产类： 管理类： 生活类： 总计：		生产类： 管理类： 生活类： 总计：	
三季度	生产类： 管理类： 生活类： 总计：		生产类： 管理类： 生活类： 总计：	
四季度	生产类： 管理类： 生活类： 总计：		生产类： 管理类： 生活类： 总计：	
全年	生产类： 管理类： 生活类： 总计：		生产类： 管理类： 生活类： 总计：	

第五部分　工会小组安全生产活动记录

根据《安全生产法》的规定，工会与职工在安全生产方面的知情权、参与权、监督权和紧急避险权主要内容如下。

1. 知情权。有权了解其作业场所和工作岗位存在的危险因素、防范措施及事故应急措施。

2. 建议权。有权对本单位的安全生产工作提出建议。

3. 批评、检举、控告权。有权对本单位安全生产工作存在的问题提出批评、检举、控告。

4. 拒绝权。有权拒绝违章指挥和强令冒险作业。

5. 紧急避险权。发现直接危及人身安全的紧急情况时，有权停止作业或者在采取可能的应急措施后撤离作业场所。

6. 要求赔偿权。因生产安全事故受到损害的职工，除依法享有工伤保险外，依照有关民事法律尚有获得赔偿的权利的，有权向本单位提出赔偿的要求。

7. 劳动防护用品权。劳动者有权获得符合标准的劳动防护用品。

工会要发挥职工代表大会和平等协商、集体合同制度的作用。基层工会组织要充分运用职工代表大会（职工大会）和平等协商、集体合同的机制，及时协调处理企业涉及劳动安全卫生的问题。组织职代会代表视察企业安全生产工作，发动职工提安全生产的合理化建议。在职代会召开期间，要求企业负责人汇报企业安全生产工作计划、实施步骤、用于改善职工生产条件的资金比例等。职代会要审议企业劳动保护规划、措施。集体合同涉及劳动安全卫生及工伤保险等条款要增强可操作性，并督促企业落到实处。实施重大隐患和严重职业危害的建档跟踪监督整改，查出的重大隐患除及时向企业行政反映外，还可以通过职工代表提案的形式，促进隐患的整改。进一步加强班组安全建设，充分发挥工会小组劳动保护检查员的安全哨兵作用，把党和国家有关安全生产的方针政策、法律法规和企业的各项规章制度落实到班组、岗位。

工会小组在参加事故调查处理时要旗帜鲜明地维护职工的合法权益，坚持“四不放过”的原则，敢于为职工说话，对事故的直接责任者及负有责任的领导人，提出处理意见或建议，监督、帮助企业行政制定预防同类事故发生的措施。同时，依据《安全生产法》《职业病防治法》《工伤保险条例》等有关法律、法规，维护遇难职工家属和受伤职工的经济权益。要依法参与对新建、改建、扩建生产性工程项目劳动安全卫生设施“三同时”（建设项目的安全设施必须与主体工程同时设计、同时施工、同时投入生产和使用）情况的审查验收。对不执行国家“三同时”规定的企业，不能评为“安康杯”先进企业。

【案例13】

××企业工会小组长安全检查签名记录（样本）

一季度	存在问题： 签名： 年 月 日
二季度	存在问题： 签名： 年 月 日
三季度	存在问题： 签名： 年 月 日
四季度	存在问题： 签名： 年 月 日

【案例14】

××企业工会小组劳动保护安全卫生监督检查记录（样本）

检查时间		主 持 人	
记 录 人		检查范围	
参与人员			
检查出的问题			

续表

查出问题的处理结果	

备注：劳动保护安全卫生监督检查工作以职工的安全和健康为主要内容。

第六部分 工会小组劳动和技能竞赛记录

【案例15】

××企业工会小组劳动和技能竞赛记录（样本）

竞赛时间		地点	
主 持 人		记 录 人	
参加活动人数		未参加活动人员	
竞赛名称			
竞赛办法			

续表

受奖情况	
评价	

备注：1. 工会小组每年必须组织开展一次劳动和技能竞赛。

2. 工会小组参加上级组织的竞赛项目，应如实记录在案。

第七部分　日常家访以及谈心记录

【案例 16】

××企业工会小组送温暖献爱心活动记录（样本）

序号	活动时间	活动内容	参加人数	活动情况

备注：活动情况记录捐赠统计情况。

【案例17】

××企业工会小组家访、困访、病探记录（样本）

时间		探访对象	
参加人员			
探访原由			
时间		探访对象	
参加人员			
探访原由			
时间		探访对象	
参加人员			
探访原由			
时间		探访对象	
参加人员			
探访原由			
时间		探访对象	
参加人员			
探访原由			
时间		探访对象	
参加人员			
探访原由			

【案例18】

××企业工会小组民主生活会谈心活动记录（样本）

时间：　　年　月　日

地点：会议室

谈心人员：××

内容：以“开展党纪学习教育”为主题进行谈心，查摆问题，分析原因，提出意见。

谈心内容如下。

赵×：今天开展谈心活动，目的是通过反思当前工作存在的问题，分析原因，提出改进办法，以便今后更好地开展工作。大家要开诚布公、畅所欲言，多提意见、建议。

钱×：通过这一段时间的工作、学习，使我重温了我们党光辉灿烂的历程，进一步加强了对我们党以人为本、执政为民的认识，这是党的性质和宗旨的集中体现，是贯彻落实科学发展观的基本要求，也是我们党一贯的政治主张和执政理念。坚持以人为本、执政为民，既是马克思主义的基本观点，又是新的历史时期科学发展实践的迫切要求，具有历史必然性，对我们推动工作具有重要的指导意义。

孙×：通过这次民主生活会，我会进一步反思自身在工作中存在的不足，不断加强学习，进一步提升业务水平，勤于思考，善于总结，虚心向领导和其他人学习，希望大家多提宝贵意见。

李×：通过这次民主生活会，使我进一步提高了认识。我们要充分继承和发扬以人为本、执政为民、密切联系群众的优良作风，不断加强学习，以先进的理论指导自身的工作实践，在工作中做到全心全意为人民服务，不断密切党同人民群众的血肉关系，做到廉洁奉公，执政为民。

周×：这段时间，我认真学习了党的二十大和二十届二中、三中全会精神以及习近平总书记系列重要讲话精神，重温了党的有关路线、方针、政策。通过学习，使我进行了一次专门的思想理论教育学习，政策理论水平得到了很大的提升，为我今后的工作提供了重要动力和支持。

武×：按照上级要求，我认真学习了有关文件精神，并结合自身工作实际进行了深入思考。在工作中，我一定要将以人为本、执政为民贯彻落实到具体实际中，不断提高理论水平，深刻查找自身不足，进一步转变工作作风，注重理论与实践相结合，学以致用，不断提高运用理论指导实践的能力，促进工作迈上新台阶。

赵×：听完大家的谈话，我感到受益匪浅。大家都说得很好，认识很深刻。希望大家在今后的工作中，勤思考、多动脑，不断加强学习，积极主动地做好本职工作。今天的谈话就到这里，希望大家在以后的工作中，继续努力，争取把工作做得更好。

第八部分　工会小组的年度工作总结

总结是对已经完成的工作进行理性的思考，要回顾过去做了什么，如何做的，做得怎么样。总结与计划是相辅相成的，要以计划为依据，计划总是在总结经验的基础上进行的。

一、总结有如下特点

1. 工作总结要求人们对以往做过的工作进行冷静的反思。通过反思，提高认识，获得经验，为进一步做好工作打下思想基础。

2. 强调科学性。总结经验不能就事论事，“跟着感觉走”。而要就事论理，辩证分析，力求得出科学结论，这样才能促进工作的转化。

3. 表述上叙议结合，有评有论。工作总结除了叙述、说明外，还要议论，通过典型材料的介绍及分析评议，阐明观点，使经验教训条理化、理论化，避免空洞无物和堆砌材料的偏向。

二、工作总结的种类

1. 按总结的时间分，有年度总结、半年总结、季度总结。进行某项重大任务时，还要分期总结或叫阶段总结。

2. 按总结的范围分，有单位总结、个人总结、综合性总结、专题总结等。

3. 按总结的性质分，有工作、生产、教学、科研总结等。

三、总结撰写前的准备

好的总结是在做好总结工作的基础上写出来的，更是人民群众在实际中干出来的。在现实生活中，有的单位干得不怎么样，总结时却“喷香水”，失去实际意义，不应该提倡；也有的单位工作有成绩却形成不了典型经验，这种情况说明总结工作没做好。上述两种情况都是应该避免的。搞好总结，是企业管理的一项重要工作，是增强干部、职工凝聚力的一种重要手段，需要认真对待。

总结究竟应该怎样做呢？从总体上说要发动群众，自下而上做总结。工作是群众做的，总结也应该由他们来做。不应撇开群众凑集政绩，绞尽脑汁制作观点。总结过程中能量化的要量化，把定性分析和定量分析结合起来，从客观事实出发，防止感情用事，以免总结流于形式。此外，做好总结还要注意以下几点。

1. 重视调查研究，熟悉情况

总结的对象是过去做过的工作或完成的某项任务，进行总结时，要通过调查研究，努力掌握全面情况和了解整个工作过程，只有这样，才能进行全面总结，避免以偏概全。

2. 热爱本职工作，熟悉业务

热爱本职工作，事业心强，是做好工作的前提，也是做好总结的基础。写总结涉及本职业务，如果对业务不熟悉，就难免言不及义。

3. 坚持实事求是的原则

总结是对以往工作的评价，必须坚持实事求是的原则。这样才能有益于现在，有益于将来。夸大成绩，报喜不报忧，违反做总结的目的，是应该摒弃的。

4. 重点在出经验，找规律

总结的最终目的是得出经验，吸取教训，找出做好工作的规律。因此，总结不能停留在表面现象的认识和客观事例的罗列上，必须从实践中归纳出规律性的结论。

四、总结的写法

年终总结（含综合性总结）或专题总结，其标题通常采用两种写法，一种是发文单位名称+时间+文种；另一种是采用新闻标题的形式。正文一般分为如下三部分表述。

1. 情况回顾

这是总结的开头部分，叫前言或小引，用来交代总结的缘由，或对总结的内容、范围、目的进行限定，对所做的工作或过程进行扼要的概述、评估。这部分文字篇幅不宜过长，只作概括说明，不展开分析、评议。

2. 经验体会

这部分是总结的主体，在第一部分概述情况之后展开分述。有的用小标题分别阐明成绩与问题、做法与体会或者成绩与缺点。专题性的总结，也可以提炼出几条经验，以起到醒目、明了的作用。运用这种方法要注意各部分之间的关系。各部分既有相对的独立性，又有密切的内在联系，使之形成合力，共同说明基本经验。

3. 今后打算

这是总结的结尾部分。它是在上一部分总结出经验教训之后，根据已经取得的成绩和新形势、新任务的要求，提出今后的设法、打算，成为新一年制订计划的依据。内容包括应如何发扬成绩，克服存在问题及明确今后的努力方向。也可以展望未来，得出新的奋斗目标。

工作总结文字表述的要求如下。

1. 要善于抓重点

总结涉及本单位工作的方方面面，但不能不分主次、轻重，必须抓住重点。重点指工作中取得的主要经验，或发现的主要问题，或探索出来的客观规律。不要分散笔墨，兼收并蓄。现在有些总结越写越长，固然有的是执笔人怕挂一漏万，但也有的是领导同志怕自己所抓的工作没写上几笔就没有成绩等，造成总结内容庞杂，中心不突出。

2. 要写得有特色

特色，是区别他事物的属性。单位不同，成绩各异。同一个单位当年的总结与往年也应该不同。有些单位的总结几年一贯制，内容差不多，只是换了某些数字。这样的总结，缺少实用价值。任何单位或个人在开展工作时都有自己的一套不同于别人的方法，经验体会也各有不同。写总结时，在充分运用材料基础上，要认真分析、比较，找到重点，不停留在一般化上。

3. 要注意观点与材料统一

总结中的经验体会是从实际工作中，也就是从大量事实材料中提炼出来的。经验体会一旦形成，又要选择必要的材料予以说明，经验体会才能“立”起来，具有实用价值。

4. 语言要准确、简明

总结的文字要做到判断明确，就必须用词准确，用例确凿，评断不含糊。简明则是要求在阐述观点时，做到概括与具体相结合，要言不烦，切忌笼统、累赘，做到文字朴实，简洁明了。

【案例 19】

××企业工会小组年度工作总结（样本）

2022 年，××分公司工会小组在公司工会的指导和公司党委的领导下，以习近平新时代中国特色社会主义思想为指导，认真履行职责，扎实做好各项工作，取得了一定成绩，现将具体情况汇报如下。

一、领导重视是保障

为保证工会工作的顺利开展，分公司坚持将工会工作纳入分公司工作议事日程，为分公司工会小组工作的扎实开展奠定了良好的基础。

二、围绕中心服务大局是根本

一年来，我们工会小组充分发挥群众自身优势，通过开展劳动和技能竞赛、合理化建议、技术革新等，充分调动职工的积极性，动员组织职工为分公司发展建功立业。

三、以人为本，建立和谐之家

始终坚持把维护保障职工的合法权益作为工会小组工作的重点，紧密结合公司工会工作特点，切实关心职工利益，不断增强工会组织的凝聚力。坚持“四必谈、五必访制度”，把开展献爱心、送温暖活动落到实处。“四必谈”即工作变动必谈，情绪反常必谈，入党必谈，不安心工作必谈；“五必访”即生病住院必访，父母去世必访，新婚必访，生育必访，家庭遇到特殊困难必访，而且要出资慰问，及时把工会组织的关怀送给小组职工。

四、开展职工活动，建立快乐之家

工会小组开展形式多样、丰富多彩的节日和纪念日活动，丰富了职工的文化娱乐生活，营造了充满活力、积极向上的工作氛围，增强了工会小组的凝聚力和向心力。

五、履行职责，关爱工会会员

工会小组在工作开展过程中，不仅做好了本公司工会工作，还一直把为职工尤其是为困难职工排忧解难作为工会小组工作的重点、维护稳定的重点、构建和谐的重点。今年共收集扶危济困捐款 2438 元，收集捐款合计

8358 元，为完成公司工会工作作出了应有的贡献。

六、加强工会自身建设

一年来，坚持用习近平新时代中国特色社会主义思想统领工会工作，紧紧围绕党建工作重点，按照《工会法》和《中国工会章程》要求，加强自身建设，切实履行好工作职责，创造性地开展工作。一是完成了工会小组年初制订的工作计划和工作目标。二是工会小组成员明确分工，做到职责清楚、有条不紊地开展工作，热心为职工服务，确保各项工作任务顺利完成。

【案例 20】

工会小组体育活动小结

为全面开展体育活动，促进职工身心健康，根据公司工会的部署和要求，结合分公司的实际情况，我们于年初开始有计划、有组织地开展体育活动，丰富和充实了职工的业余生活，并取得了较好的效果。

一、围绕主题，制定方案，营造健康向上的活动氛围

1. 制订计划，有计划地开展活动。工会小组根据活动的通知要求，制订了开展活动的计划，使各个部门在活动中，根据活动的内容及时间安排，达到有秩有序、扎实开展活动的目的。

2. 统一思想，提高健康理念。为了积极引导健康向上的活动氛围，公司领导就下一步职工体育活动的开展情况召开了会议，积极倡导全民健身的理念，努力提高职工的健身意识，营造积极健康的工作氛围，从而使职工自觉地加入健身活动中。

3. 克服困难，部门精心安排。各个部门根据自己的工作性质和工作安排，积极克服“由于工作忙而无暇锻炼”的思想，在活动的组织上，做到了灵活机动而不呆板，在活动的内容上，做到了丰富多样而不千篇一律。

二、整合资源，扎实有效地开展工作

1. 分散与集中相结合。针对公司的办公地点分散、人员集中相对较难的特点，我们把日常体育锻炼的组织分解到各个部门，由各个部门按照活动计划具体实施。在活动中，根据活动的内容、所需的器材，采取了部门与部门之间可以集中进行的原则，使活动具有趣味性和效果性。

2. 活动形式多样性。由于人员较多，为了克服锻炼器材数量少的问题，我们积极争取行政支持，购买了羽毛球拍、跳绳、毽子、拉力器，不但丰富了职工的活动内容，而且保证了活动的实际效果。

3. 活动时间的灵活性。针对个别部门日常对外业务较多的实际情况，我们在活动的时间安排上和活动的要求上，采取了“因地制宜，灵活多样，取得实效”的办法。在时间的安排上，可以在工余时间利用器材锻炼，晚上时间进行散步锻炼，早上时间进行跑步锻炼，在活动的形式上不拘一格，力求达到活动的目的，取得活动的实际效果。

三、增强竞争意识，体现活动实效

为了检验活动的效果，我们起草了《关于公司第六工会小组开展职工体育比赛的通知》，根据职工的意愿，选定了活动比赛的项目，制定了比赛的规则，成立了比赛组织小组，拟定了比赛方案。于1月19日下午举办了第六工会小组职工踢毽子、托球跑等比赛活动，在比赛中，职工们都勇于发挥自己的潜力，力争取得好的成绩。通过比赛，不但提高了职工们的竞争意识，更增强了职工们干好工作的信心和勇气。

通过这次活动的举办，我们不仅懂得了如何在紧张的工作中释放及克服倦怠，而且感受到体育活动的意义，特别是现在正处于公司的快速发展时期，更需要职工有一个健康的体魄去面对这场光荣而艰巨的硬仗，达到心往一处想、劲往一处使的目的。

参考资料及说明

[1]《中华人民共和国全民所有制工业企业法》(根据 2009 年 8 月 27 日第十一届全国人民代表大会常务委员会第十次会议《关于修改部分法律的决定》修正)本书中简称《企业法》

[2]《中华人民共和国职业病防治法》(根据 2018 年 12 月 29 日第十三届全国人民代表大会常务委员会第七次会议《关于修改〈中华人民共和国劳动法〉等七部法律的决定》第四次修正)本书中简称《职业病防治法》

[3]《中华人民共和国安全生产法》(根据 2021 年 6 月 10 日第十三届全国人民代表大会常务委员会第二十九次会议《关于修改〈中华人民共和国安全生产法〉的决定》第三次修正)本书中简称《安全生产法》

[4]《中华人民共和国工会法》(根据 2021 年 12 月 24 日第十三届全国人民代表大会常务委员会第三十二次会议《关于修改〈中华人民共和国工会法〉的决定》第三次修正)本书中简称《工会法》

[5]《中华人民共和国劳动法》(根据 2018 年 12 月 29 日第十三届全国人民代表大会常务委员会第七次会议《关于修改〈中华人民共和国劳动法〉等七部法律的决定》第二次修正)本书中简称《劳动法》

[6]《中华人民共和国劳动合同法》(根据 2012 年 12 月 28 日第十一届全国人民代表大会常务委员会第三十次会议《关于修改〈中华人民共和国劳动合同法〉的决定》修正)本书中简称《劳动合同法》

[7]《中国工会章程》(中国工会第十八次全国代表大会部分修改,2023 年 10 月 12 日通过)

[8]《工伤保险条例》(根据 2010 年 12 月 20 日《国务院关于修改〈工伤

保险条例〉的决定》修订)
[9] 《基层工会会员代表大会条例》2019 年 1 月 15 日发布（总工发〔2019〕6 号）